Jürgen Kriz
Lebenswelten im Umbruch –
Zwischen Chaos und Ordnung

Wiener Vorlesungen im Rathaus

Band 106
Herausgegeben für die Kulturabteilung der Stadt Wien
von Hubert Christian Ehalt

Vortrag im Wiener Rathaus
am 11. Juni 2003

Jürgen Kriz

Lebenswelten im Umbruch – Zwischen Chaos und Ordnung

Mit Vorworten von
Hubert Christian Ehalt
und Rudolf Richter

Picus Verlag Wien

Grafische Gestaltung: Dorothea Löcker, Wien
Druck und Verarbeitung:
Druckerei Theiss GmbH, St. Stefan im Lavanttal
ISBN 3-85452-506-0

Die Wiener Vorlesungen im Rathaus

Die große Resonanz, die der Vortrag des berühmten deutschen Soziologen Prof. Dr. René König am 2. April 1987 im Wiener Rathaus bei einem sehr großen Publikum hatte, inspirierte die Idee einer Vorlesungsreihe im Rathaus zu den großen Problemen und Überlebensfragen der Menschen am Ausgang des 20. Jahrhunderts.

Das Konzept der Wiener Vorlesungen ist klar und prägnant: Prominente Denkerinnen und Denker stellen ihre Analysen und Einschätzungen zur Entstehung und zur Bewältigung der brisanten Probleme der Gegenwart zur Diskussion. Die Wiener Vorlesungen skizzieren nun seit Anfang 1987 vor einem immer noch wachsenden Publikum in dichter Folge ein facettenreiches Bild der gesellschaftlichen und geistigen Situation der Zeit. Das Faszinierende an diesem Projekt ist, dass es immer wieder gelingt, für Vorlesungen, die anspruchsvolle Analysen liefern, ein sehr großes Publikum zu gewinnen, das nicht nur zuhört, sondern auch mitdiskutiert. Das Wiener Rathaus, Ort der kommunalpolitischen Willensbildung und der Stadtverwaltung, verwandelt bei den Wiener Vorlesungen seine Identität von einem Haus der Politik und Verwaltung zu einer Stadtuniversität. Das Publikum kommt aus allen Segmenten der Stadtbevölkerung; fast durchwegs kommen sehr viele Zuhörer aus dem Bereich der Universitäten und Hochschulen; das Wichtige an diesem Projekt ist jedoch, dass auch sehr viele Wienerinnen und Wiener zu den Vorträgen kommen, die sonst an wissenschaftlichen Veranstaltungen nicht teilnehmen. Sie kommen, weil sie sich mit dem Rathaus als dem Ort ihrer Angelegenheiten identifizieren, und sie verstärken durch ihre Anwesenheit den demokratischen Charakter des Hauses.

Es ist immer wieder gelungen, Referentinnen und Referenten im Nobelpreisrang zu gewinnen, die ihre Wissenschaft und ihr Metier durch die Fähigkeit bereichert haben, Klischees zu zerschlagen und weit über die Grenzen ihres Faches hinauszusehen. Das Besondere an den Wiener Vorlesungen liegt vor allem aber auch in dem dichten Netz freundschaftlicher Bande, das die Stadt zu einem wachsenden Kreis von bedeutenden Persönlichkeiten aus Wissenschaft und Forschung in aller Welt knüpft. Die Vortragenden kamen und kommen aus allen Kontinenten, Ländern und Regionen der Welt, und die Stadt Wien schafft mit der Einladung prominenter Wissenschafterinnen und Wissenschafter eine kontinuierliche Einbindung der Stadt Wien in die weltweite »scientific community«. Für die Planung und Koordination der Wiener Vorlesungen war es stets ein besonderes Anliegen, diese freundschaftlichen Kontakte zu knüpfen, zu entwickeln und zu pflegen.

Das Anliegen der Wiener Vorlesungen war und ist eine Schärfung des Blicks auf die Differenziertheit und Widersprüchlichkeit der Wirklichkeit. Sie vertreten die Auffassung, dass Kritik ein integraler Bestandteil der Aufgabe der Wissenschaft ist. Eine genaue Sicht auf Probleme im Medium fundierter und innovativer wis-

senschaftlicher Analysen dämpft die Emotionen, zeigt neue Wege auf und bildet somit eine wichtige Grundlage für eine humane Welt heute und morgen. Das Publikum macht das Wiener Rathaus durch seine Teilnahme an den Wiener Vorlesungen und den anschließenden Diskussionen zum Ort einer kompetenten Auseinandersetzung mit den brennenden Fragen der Gegenwart, und es trägt zur Verbreitung jenes Virus bei, das für ein gutes politisches Klima verantwortlich ist.

Fernand Braudel hat mit dem Blick auf die unterschiedlichen Zeitdimensionen von Geschichte drei durch Dauer und Dynamik voneinander verschiedene Ebenen beschrieben: »L'histoire naturelle«, das ist jener Bereich der Ereignisse, der den Rhythmen und Veränderungen der Natur folgt und sehr lange dauernde und in der Regel flache Entwicklungskurven aufweist. »L'histoire sociale«, das ist der Bereich der sozialen Strukturen und Entwicklungen, der Mentalitäten, Symbole und Gesten. Die Entwicklungen in diesem Bereich dauern im Vergleich zu einem Menschenleben viel länger; sie haben im Hinblick auf unseren Zeitbegriff eine »longue durée«. Und schließlich sieht er in der »histoire événementielle« den Bereich der sich rasch wandelnden Ereignisoberfläche des politischen Lebens.

Die Wiener Vorlesungen analysieren mit dem Wissen um diese unterschiedlichen zeitlichen Bedingungshorizonte der Gegenwart die wichtigen Probleme, die wir heute für morgen bewältigen müssen. Wir sind uns bewusst, dass die Wirklichkeit der Menschen aus materiellen und diskursiven Elementen besteht, die durch

Wechselwirkungsverhältnisse miteinander verbunden sind. Die Wiener Vorlesungen thematisieren die gegenwärtigen Verhältnisse als Fakten und als Diskurse. Sie analysieren, bewerten und bilanzieren, befähigen zur Stellungnahme und geben Impulse für weiterführende Diskussionen.

Hubert Christian Ehalt

Alte und neue Ordnungen zwischen Normierung und Flexibilisierung

Wandel und Veränderung gehören zu den Grundkategorien von Geschichte und Gesellschaft. Die Menschen erfahren sich verändernde Verhältnisse in einem untrennbaren Zusammenhang mit dem Wahrnehmen jener Veränderungen, die sie selbst betreffen. Die dynamischen Veränderungen der letzten fünfzehn Jahre werden sowohl aus einer gesellschaftsbezogenen als auch aus einer auf die Individuen gerichteten Betrachtungsweise häufig als Krisen wahrgenommen. Krisen, die die Sphären der Politik und der Wirtschaft ebenso betreffen wie den alltäglichen Weg der Menschen durch ihr Leben.

Brüche und Zäsuren im Lebenslauf, die vor nicht allzu langer Zeit noch als Schicksal galten, werden in immer stärkerem Maß auch von Menschen, die nicht über psychoanalytische Kompetenz verfügen, als Krisen erlebt. Die Krisenanfälligkeit von Systemen und Individuen hat eine objektive und eine subjektive Dimension. Der sich ständig weiter ausdifferenzierende Technik- und Technologiebedarf macht die Systeme sehr effizient, Fehler können jedoch nicht ausgeschlossen werden, und Systemfehler können schwerwiegende Folgen haben. Die Menschen selbst, die sich in den letzten Jahrzehnten daran gewöhnt haben, dass ihr Leben relativ sicher und kontinuierlich verläuft, sind mit vielfältigen neuen Risiken und Brüchen konfrontiert.

Die Öffnung und Flexibilisierung der Lebensformen ist für die Individuen jedoch auch mit neuen Chancen verbunden. Das Leben der Menschen ist in der Wohlfahrtsstaatzone Europas nicht mehr ein langsamer, träger und kontinuierlicher Fluss wie in den sechziger, siebziger und achtziger Jahren des 20. Jahrhunderts. Bis in die achtziger Jahre verbrachten die Menschen ihr Arbeitsleben im Regelfall an einem oder zwei Arbeitsplätzen. Die an den Ausbildungsstätten erworbene Qualifikation reichte für ein Arbeitsleben. Technologien und Management und die Formen der Zusammenarbeit änderten sich bis Mitte der achtziger Jahre so langsam, dass das Know-how noch von den Älteren an die Jüngeren weitergegeben wurde.

Die Strukturen der Arbeitswelt und die Normen und Werte, die sie stabilisierten, waren so fest gefügt, dass die Erfahrungen von Ordnung und Kontinuität viel dominierender waren als jene von Veränderung und Chaos.

Die politischen Verhältnisse spiegelten Dauerhaftigkeit und Kontinuität der Arbeitswelt wider. Die Bürgerinnen und Bürger blieben bei ihren politischen Leisten; das Verhalten von Wählerinnen und Wählern war vorherseh- und prognostizierbar, die politische Struktur war versäult und bot wenig Spielraum für neue Ideen und Konstellationen.

Auch das private Leben verlief – jedenfalls in den Wohlstandsländern des Westens – bis in die achtziger Jahre des 20. Jahrhunderts relativ unspektakulär, ereignisarm und gemächlich. Konventionen, Manieren und gute Sitten regulierten auch die Sphären des Privaten.

Ein Großteil der Menschen blieb – nolens volens – bei dem/der einmal gewählten Partner/in. Die Lebensform der Kleinfamilie hatte – zumindest in den öffentlichen Diskursen – noch keine Konkurrenz. Die allgemein akzeptierten und daher auch wirksamen Verhaltenskorsette gaben Sicherheit und Sinn in unterschiedlichen Lebens- und Krisensituationen. Die Ordnungen, Regeln und Normen des privaten Lebens waren ihrem Charakter nach autoritär und wohl auch patriarchalisch, sodass ihre Durchbrechung von den Individuen auch als Akt der Befreiung wahrgenommen werden konnte.

An die Stelle einer akzeptierten Ordnung des privaten Lebens – in der Gestalt der Familie – sind in den letzten zwanzig Jahren vielfältige und ganz unterschiedliche neue Formen des Zusammenlebens getreten. »Sittenlockerung«, Konstruktivismus und Beziehungschaos sind am Beginn des 21. Jahrhunderts Normalität. Die zentrale Fähigkeit, die von Menschen in den neuen Lebenswelten, in denen längerfristige Ordnungen aufgelöst wurden und auch werden mussten, verlangt wird, heißt Flexibilität. Männer und Frauen müssen anpassungsfähig und geschmeidig sein, neugierig, offen und bereit für Veränderungen.

War die Geschichte der Neuzeit wesentlich dadurch gekennzeichnet, dass Übersicht, Ordnung und Disziplin hergestellt wurde und die Bürgerinnen und Bürger zu verlässlichen Bestandteilen einer komplexen Gesellschaftsmaschine gemacht werden sollten, gewinnen derzeit gegenläufige Tendenzen wohl auch als Opposi-

tion gegen die massive, auf Ökonomisierung ausgerichtete Globalisierungsentwicklung wachsende Bedeutung.

Die Wiener Vorlesungen haben sich in den letzten Jahren aus der Sicht unterschiedlicher Disziplinen mit den Problemen auseinander gesetzt, mit denen Menschen in der neuen Welt(un)ordnung konfrontiert sind. Der vorliegende Band von Jürgen Kriz, der im Sommersemester 2003 die von der Stadt Wien gemeinsam mit der Universität Wien ausgerichtete Paul-Lazarsfeld-Gastprofessur innehatte, dokumentiert die Überlegungen des Psychologen und Psychotherapeuten zu einer sich dynamisch verändernden Lebenswelt. Kriz zeigt Chancen und Gefahren der Entwicklungen für den einzelnen Menschen auf. Der Herausgeber der Reihe freut sich über diesen konzisen Text, der nahtlos an die Überlegungen, die Verena Kast, Emmerich Tálos, Horst-Eberhard Richter und Iring Fetscher bei ihren Wiener Vorlesungen angestellt haben, anschließt.

Univ. Prof. Dr. Hubert Christian Ehalt

Das Bedürfnis nach Ordnung
Vorwort

Offensichtlich herrscht ein Bedürfnis nach Ordnung in der Gesellschaft. Wir können das soziologische Denken als ein ständiges Suchen nach der Lösung der Frage betrachten: Wie ist soziale Ordnung möglich?

Schon Thomas Hobbes hat im 17. Jahrhundert eine prinzipielle Antwort gefunden. Die Menschen, so dachte er, befanden sich im Urzustand in totaler Unordnung, im Kampf aller gegen alle. Dieser bedrohte sie existenziell. So übertrugen sie alle Rechte einem Herrscher, dem Leviathan, der ihnen Überleben und Sicherheit gewährleistete, aber auch alle Macht in sich vereinte. Die Menschen schlossen einen Vertrag mit dieser Instanz.

Das Bild des Vertragsschlusses findet sich auch bei anderen Sozialphilosophen, bei John Locke oder Jean Jacques Rousseau, wobei für Rousseau der Urzustand ein friedlicher war, in den erst durch das Eigentum Konflikte hineingetragen wurden. Aber ein friedlicher, paradiesischer Zustand kennt nicht die Unterscheidung zwischen Unordnung und Ordnung, alles ist so, wie es ist – und es ist gut so. Deswegen wurde wohl auch Thomas Hobbes und seine Version eines kriegerischen Urzustands viel einflussreicher im modernen Denken über Gesellschaft. Er formulierte das Problem der sozialen Ordnung, und die soziologische Theorie, die erst Mitte des 19. Jahrhunderts zu entstehen begann, als

Auguste Comte den Begriff der Soziologie erstmals gebrauchte, beschäftigt sich seitdem damit.

Wir können die Geschichte der Moderne als zunehmende Internalisierung von Ordnung auffassen. Dies zeigte der Sozialphilosoph und historische Soziologe Norbert Elias in seinem großen Entwurf einer Theorie der Zivilisationen. Seit dem Mittelalter, so meint er, kann man verfolgen, wie der Mensch mehr und mehr domestiziert wird, die Regeln, die ihm von außen auferlegt werden, zu seinen eigenen macht und sie so als selbstverständlich ansieht. Michel Foucault zeigt in seinen Arbeiten die zunehmende innere Disziplinierung der Menschen, die Folter, Gefängnis und Irrenanstalt nur mehr in Ausnahmefällen notwendig erscheinen lässt. Zeiten, in denen Gefängnisse überfüllt sind, Folter zunimmt und mehr und mehr Menschen als geisteskrank definiert werden, können als Zeiten des Umbruchs, als Zeiten vermehrter Unordnung, ja als Zeiten des Chaos empfunden werden.

Jürgen Kriz beschäftigt sich in seinen Ausführungen anhand von klinischen Beispielen mit der Frage, wie mit Unordnung umgegangen wird, von der Gesellschaft, von den Handelnden selbst.

Ich bin versucht zu sagen: Alles Leben ist Ordnung. Es kommt nur auf die Perspektive an, was wir als Ordnung empfinden und was nicht. Selbst im Chaos ist Ordnung.

Die moderne Wissenschaft ist angetreten, diese Ordnung zu beschreiben. Die ursprünglichen großen Theorien suchten nach möglichen einfachen Beschreibungen, klaren Formeln. Die Ordnung der Gesellschaft wurde aber immer komplexer oder immer unübersichtlicher. Kein Wissenschaftler wird sich jedoch damit begnügen, Unordnung nur zu konstatieren, sondern er wird auch nach ihren Strukturen fragen. Das bedeutet aber wieder, nach Ordnung suchen.

Ich sehe im Wesentlichen zwei Betrachtungsweisen, die versuchen die Komplexität der Gesellschaft mathematisch zu analysieren. Die eine ist die Chaostheorie, die andere sind moderne »Rational choice«- Theorien. Es gibt eine dritte: die Theorie der Postmoderne, die aber nicht in mathematischen Formeln fassbar ist und daher vielleicht die einzige wissenschaftliche Theorie, die selbst »unordentlich« ist. Paul Lazarsfeld, der österreichische Psychologe und Soziologe, nach dem die Gastprofessur benannt ist, die Jürgen Kriz im Sommersemester 2003 an der Universität Wien innehatte, war ein zutiefst logischer und mathematischer Denker. Wir wollen uns daher hier bei diesen Ansätzen aufhalten.

Chaos ist eigentlich nicht Abwesenheit von Ordnung. Die Chaostheorie entdeckt eine andere Ordnung, die für uns ungewohnt ist. Dass ein Schmetterling in Indien einen Orkan in Amerika auslösen kann, wie ein berühmtes Beispiel in der Chaosforschung lautet, mag zwar unvorhersehbar sein, der Ablauf folgt aber Gesetzen, wenn auch chaotischen. Sie sind zum Beispiel in der Fuzzylogik formuliert. Ein Ereignis kann in der Konsequenz zu verschiedenen, auch widersprüchlichen Resultaten führen und tatsächlich können die Auswirkungen nicht prognostizierbar sein. Dies heißt jedoch nur, dass es eine andere, nicht lineare und nicht mit kausalen Modellen vorhersehbare Ordnung gibt. Aber auch die scheinbare Unordnung bleibt berechenbar.

Die Vertreter der »Rational Choice«-Theorien sehen das anders. Die Grundlage ihrer Theorie ist der Homo oeconomicus, der in Kosten-Nutzen-Kalkulation denkende Mensch, der seine Ziele kennt, wie auch die Mittel und Wege, die zur Zielerreichung führen, und der diese rational abwägt. Hier wird versucht, die Komplexität auf einfache und klare Kausalität zu reduzieren. Die Unübersichtlichkeit wird so lange reduziert, bis etwas Übersichtliches herauskommt. Das läuft auf eine Reduktion von Komplexität hinaus.

Die Anforderungen müssen aber lauten, mit der Komplexität zu leben, nicht, sie wegzurechnen. Die Menschen leben und erleben alltägliche Komplexität, auch wenn sie mathematisch reduzierbar erscheint.

Soziales Handeln ist in den seltensten Fällen logisch, wie Vilfredo Pareto um 1900 gezeigt hat. Es überwiegen solche Handlungen, die er als nicht-logisch bezeichnet, die von Emotionen, von Spontaneität und Kreativität getragen sind. Der Soziologe Hans Joas, der ebenfalls in Wien eine Gastprofessur innehatte, hat ein ganzes Buch über die Kreativität des Handelns geschrieben.

Die Ordnung, in der wir leben, ist äußerst labil, wir wollen sie immer wieder herstellen, wenn sie gestört wird. Das zeigte in Los Angeles der Soziologe Harold Garfinkel in seinen so genannten Krisenexperimenten. In diesen störte er mit Regelverletzungen die Wirklichkeit und untersuchte, wie Personen darauf reagieren. Ein Beispiel: Eine Versuchsperson spielte mit dem Experimentator Schach. Der begann völlig regelwidrige Züge zu machen, das Pferd etwa diagonal zu ziehen, mit dem Läufer dafür Rösselsprünge zu machen, und wenn der Partner mit der Dame einen Zug über mehrere Felder machte, so stellte er diese mit der Bemerkung zurück, dass sie jetzt nur ein Feld fahren dürfe. Die Regelverletzungen wurden noch verkompliziert dadurch, dass sie nicht einheitlich waren. Manchmal durfte die Versuchsperson mit der Dame fahren, manchmal nicht, manchmal durfte mit dem Rössel plötzlich diagonal gezogen werden, manchmal nicht. Der Experimentator, meist ein Student Garfinkels, war angewiesen, möglichst zufällig und unvorhersehbar die üblichen Regeln zu verletzen.

Die Reaktionen waren unterschiedlich. Einige verließen wütend den Schauplatz, die meisten aber unterzogen sich einem anschließenden Interview. Sie wurden gefragt, wie es ihnen denn bei diesem Spiel gegangen sei. Sie wären verwundert gewesen, am Anfang auch stark verunsichert und vielleicht auch wütend, aber mit der Zeit hätten sie versucht, die Regeln zu entdecken, nach denen das Spiel abläuft, gaben sie an. Manche setzten dem Interviewer ein Regelwerk vor, nach dem sich ihrer Meinung nach der Experimentator zumindest tendenziell verhalten hätte. Andere meinten, es müsse so etwas geben, sie hätten es aber noch nicht entdeckt. Vielleicht bei einem weiteren Spiel?

Wir verständigen uns im Alltag äußerst vage, aber wir brauchen diese Vagheit, um Sinnübereinstimmung zu erreichen. Wir tun so, wir müssen so tun, als verstünden wir uns. Auch das ist leicht zu durchbrechen. Am Campus grüßt man sich mit »Wie geht's?«. Wiederum ließ Garfinkel nachfragen: »Was meinst du mit ›Wie geht's?‹? Meinst du das körperlich oder psychisch? Meinst du jetzt im Privatleben oder beruflich?« In der Regel reagierten die so Angesprochenen verärgert und wütend. »Ich wollte nur höflich sein und dich freundlich grüßen.«

Die soziale Ordnung, in der wir leben, ist sehr labil. In unserer Alltagssprache finden sich eine Fülle von Begriffen, die vage und indexikalisch sind. Wenn wir sagen: »Gestern war mir dort langweilig«, so ist dieser Satz nur zu verstehen, wenn wir wissen, an welchem Tag er gesprochen wird und wo »dort« war. Das sind indexikalische Begriffe. Langweilig ist der vage Ausdruck. Es ist nicht genau definiert, was man als langweilig empfindet und unterschiedliche Menschen könnten Unterschiedliches darunter verstehen.

Wenn wir das unserem Freund sagen und er fragt nach, was eigentlich »langweilig« heißt: die Geschichte des Films, die Kameraführung, die Musik und dann vielleicht noch zuerst, wo das »dort« eigentlich sei, obwohl wir ihm doch gesagt haben, dass wir ins Kino gehen, dann wird es eine Beziehungskrise geben.

Unbestimmte Begriffe sind notwendig für die soziale Ordnung, wir können nicht immer genau definieren, was wir unter jedem Begriff verstehen, das würde die

Kommunikation zusammenbrechen lassen. Wir akzeptieren Vagheit, weil sie notwendig für das Zusammenleben ist.

Wir suchen allerorten nach Ordnung. Ein Beispiel, das Rupert Riedl einmal in einem Vortrag über das konstruktivistische Denken erzählte: Wenn wir nach einem Unwetter durch den Wald gehen, liegen wahrscheinlich viele kleine abgebrochene Äste herum. Angenommen, ein Wanderer beachtet diese Äste genau. Sieht er in gewissen Abständen Äste liegen, die immer in die gleiche Richtung weisen, so mag er annehmen, dass diese vielleicht gelegt worden sind. Wenn er nicht weiß, dass gestern ein Unwetter war, dann ist er vielleicht noch geneigter, eine künstliche Anordnung darin zu sehen, und wenn er hört, dass einen Tag zuvor eine Pfadfindergruppe durch den Wald gegangen ist, dann wird er ziemlich sicher sein, dass diese Äste absichtlich so gelegt worden sind, um den Nachkommenden die Richtung zu weisen, auch wenn das nicht der Fall war. Wir wollen keinen Zufall, ein sich wiederholendes Ereignis wird sofort als gesetzmäßig gedeutet. Das Gesetz der Serie spricht Bände.

Brüche in der Ordnung sind immer auch Krisen.

Soziale Ordnung ist labil, aber wir streben danach. Mehr noch: Wir streben nach unserer sozialen Ordnung, nach einer, die wir gewohnt sind. Aber im Laufe der individuellen Geschichte entstehen neue Ordnungen, der Lebenslauf ist eine Abfolge von Phasen, die neuen Ordnungen gehorchen. Die Abschnitte wie Kindheit, Jugend, Erwerbsleben oder Pensionierung haben eigene Regeln, Berufswechsel, Wechsel des Freundeskreises oder des Partners sind Umbrüche im Lebenslauf. In der Regel werden diese Umbrüche bewältigt. Sie werden bewältigt, weil wir wissen, dass neue Ordnungen in der Lebenswelt folgen. Wir hoffen darauf, wir vertrauen darauf.

Gesellschaftliche Umbrüche sind da viel ungewisser. Oft werden Zeiten des Umbruchs nicht nur als Übergang erlebt, sondern als langfristige Unsicherheit, die für manche schwer oder gar nicht auszuhalten ist. Die kommende Ordnung kennen wir bei gesellschaftlichen Umbrüchen nicht, wir wissen nicht, was die Zukunft bringen wird. Die alten Institutionen verlieren ihre Glaubwürdigkeit, neue sind nicht in Sicht. Es ist schon eine gewisse Leistung, dies als Umbruch hin zu einer neuen Ordnung zu empfinden, nicht als einen Dauerzustand der Unsicherheit. Aber wir können nicht gewiss sein, wann diese neue Ordnung kommt und was sie bringt. Diese Ungewissheit ist zu bewältigen. Jürgen Kriz spricht davon.

Univ. Prof. Dr. Rudolf Richter
Institut für Soziologie der Universität Wien

Jürgen Kriz

Lebenswelten im Umbruch – Zwischen Chaos und Ordnung

Es ist für mich eine große Ehre, im Rahmen dieser angesehenen Vorlesungsreihe einige Aspekte meiner Arbeiten vortragen zu können. Da ich hierzu auch in meiner Funktion als derzeitiger Inhaber der Paul-Lazarsfeld-Gastprofessur angefragt bin, sollen zunächst zumindest einige Bemerkungen darüber erfolgen, wer Paul Lazarsfeld war und wie seine Person mit dem heutigen Thema verbunden werden könnte.

Paul F. Lazarsfeld

Lazarsfeld wurde am 13.02.1901 in Wien geboren und arbeitete von 1927 bis 1933 als promovierter Mathematiker am Psychologischen Institut der Universität bei Karl Bühler, wo er um 1930 die wirtschaftspsychologische Forschungsstelle gründete, die er bis 1933 leitete. Seine geistige Weite wurde sicher nicht zuletzt durch eine recht aktive Mitarbeit in der »Studiengruppe für wissenschaftliche Zusammenarbeit« gefördert – eine ab 1930 regelmäßig tagende Gruppe, die, von Rudolf Carnap gegründet, neben weiteren Mitgliedern des Wiener Kreises, wie Moritz Schlick und Otto Neurath, auch die Psychoanalytiker Wilhelm Reich und Heinz Hartmann, die Biologen Ludwig Bertalanffy und Konrad Lorenz, die Ökonomen Karl Polany und Oskar Morgenstern sowie neben Lazarsfeld auch Egon Brunswik, Marie Jahoda und Hans Zeisel umfasste – kurz: ein Who's who der Wiener geistigen Elite zu dieser Zeit.

Lazarsfelds in Österreich bekanntestes Werk, das auch heute noch vielfach zitiert wird, basierte auf einer umfassenden Studie über die »Arbeitslosen von Marienthal« – einem kleinen Dorf in der Nähe Wiens. Mit Marie Jahoda und Hans Zeisel entwickelte Lazarsfeld in sehr kreativer Weise ein breites Spektrum sowohl quantitativer als auch qualitativer Forschungsmethoden. Inhaltlich ging es dabei um die Frage, wie sich langzeitliche Massenarbeitslosigkeit auf Verhalten, Einstellungen, Gewohnheiten, Zukunftsperspektiven, Wünsche etc. von Arbeiterfamilien auswirkt.

Als jüdischer Mitbürger musste er Österreich im Dritten Reich verlassen. Bereits 1933 bekam er ein Stipendium in den USA, die dann 1935 endgültig zu seinem Exil wurden. Er gründete zunächst an der Princeton University das Institut für soziologische Rundfunkforschung, dem er bis 1949 als Direktor vorstand, auch wenn es in den vierziger Jahren an die Columbia University verlegt wurde, wohin Lazarsfeld als Soziologieprofessor berufen worden war, und dann den Namen »Bureau of Applied Social Research« erhielt. Bis zu seinem Tod, 1976 in New York, hatte er viele sehr einflussreiche Positionen in bedeutenden wissenschaftlichen Gremien inne – unter anderem in der Rockefeller Foundation, die schon die Marienthal-Studie mitfinanziert hatte. Diese Positionen nutzte er auch dafür, um im Nachkriegs-Österreich den Wiederaufbau von Institutionen der Wissenschaft und Forschung zu unterstützen. So geht die Gründung des Institute for Advanced Studies in Wien, das mit Mitteln der Ford Foundation ausgestattet war und übrigens am 16. Juni 2003 sein vierzigjähriges Bestehen feiert, wesentlich auf Lazarsfeld zurück (und auch auf den bereits erwähnten Oskar Morgenstern, der ebenfalls nach Princeton gegangen war und dieses Institut in den Anfängen leitete). Da ich am »Ford-Institut«, wie es in Kurzform genannt wurde, in den Jahren 1967–70 als psychologisch-sozialwissenschaftliches Mitglied im Team des Computerzentrums arbeitete, bin ich mit Lazarsfeld mehrfach zusammengetroffen, da ich ihn in EDV-Angelegenheiten zu betreuen hatte, wenn er für Gastvorträge aus den USA zu uns kam.

Für mich war und ist Paul Lazarsfeld vor allem darin Vorbild, dass er Methoden stets an inhaltlichen Fragen entwickelte und nicht etwa umgekehrt die Inhalte an den Methoden ausrichtete. Trotz bedeutender Beiträge auch im Bereich der Konstruktion mathematischer Analysemethoden für die Sozialwissenschaften – etwa der Entwicklung der »Latent Structure Analysis« – hat er beispielsweise scharf zwischen der »Statistik« als Technik und der viel bedeutenderen und umfassenderen »Methodologie« unterschieden. Letztere erforderere in hohem Maße inhaltliche Kompetenzen und Entscheidungen und dürfe keineswegs mit Quantifizierung gleichgesetzt werden. Diese Position kann angesichts heutiger Tendenzen, angebliche Mess-»Methoden« und Indizes in vielen Bereichen des öffentlichen Lebens zu missbrauchen,[1] indem man den oft unverstandenen formalisierten und quantifizierenden Vorgehensweisen fetischartig mehr Bedeutung beimisst als dem gesunden Menschenverstand, gar nicht hoch genug bewertet werden. In besonderer Weise versuchte Lazarsfeld zudem, psychologische, soziologische und politische Aspekte miteinander zu verbinden – ein Anliegen, das auch mich im folgenden Vortrag leiten wird.

Ich habe diese wenigen biografischen Hinweise nicht nur aus Hochachtung vor Paul Lazarsfeld vorgetragen, sondern auch deshalb, weil seine Biografie darüber hinaus zentral mit unserem Thema zu tun hat. Lazarsfeld hat in seinem Leben erhebliche Umbrüche erfahren müssen und selbst zu anderen Umbrüchen mit beigetragen – so bezeichnete ihn der Biograf Morrison[2] als einen »institutional innovator«. Dabei wird deutlich, dass »Umbrüche« gewöhnlich auf mehreren Ebenen betrachtet werden müssen, deren einzelne Aspekte historisch und prozessual miteinander verwoben sind: Auf der *gesellschaftlichen* Ebene finden wir im Laufe von Lazarsfelds Leben den Aufstieg und den Fall des Dritten Reiches sowie die Etablierung einer länger dauernden Demokratie in Österreich – nach Jahrhunderten der Monarchie. Damit sind gleichzeitig auf der *wissenschaftlichen* Ebene bereits einige der erwähnten Forschungsthemen und Aktivitäten von Paul Lazarsfeld konstelliert – von der Massenarbeitslosigkeit in Wien über die Rundfunkforschung in Princeton und Columbia bis hin zur Einflussnahme auf das sozialwissenschaftliche Forschungsgeschehen in den USA und in Österreich nach dem Krieg. Auf der *persönlichen* Ebene zeigen sich erste Brüche bereits in der Tatsache, dass er als Mathematiker am Psychologischen Institut wirkte und eigentlich ein zentraler Begründer der modernen empirischen Forschung in der Soziologie wurde – was aber durch die politischen Umbrüche und seinen Bruch mit Europa als Heimat begünstigt und verstärkt wurde.

Damit zeigt diese Biografie auch exemplarisch, dass Umbrüche kreativ für Neues genutzt werden können. So etwas geschieht allerdings nicht zwangsläufig – vielmehr rufen Umbrüche oft auch eine gegenteilige Tendenz hervor, nämlich ein Erstarren und ein hoffnungsloses Klammern an vergangene Zustände.

Die Verwobenheit von Mikro- und Makroprozessen

Bei einem Thema wie »Lebenswelten im Umbruch« sind vermutlich viele geneigt, zuerst einmal an makroskopische gesellschaftliche Konstellationen zu denken. In der Tat zeigen Medienanalysen und Umfragen, dass die Menschen heutzutage durch einige gravierende Umbrüche beunruhigt sind:

• Der so genannte »Eiserne Vorhang« ist verschwunden und gibt nun den Blick auf andere Konfliktherde frei: Nach der ehemaligen Fixierung auf die Ost-West-Problematik werden nun besonders die Ungleichheit zwischen der Ersten und der Dritten Welt und die wachsenden Spannungen zwischen den Religionsgemeinschaften deutlich.

• Der 11. September 2001 in New York (genau 28 Jahre nach dem 11. September 1973 in Santiago de Chile) hat gezeigt, dass Umbrüche in den Sicherheitssystemen notwendig sind. Trotz – oder besser: gerade wegen – hochgezüchteter Technologie und dem Glauben in die Perfektion der Sicherheitssysteme der Ersten Welt ist diese Struktur sehr anfällig geworden und lässt sich von Fanatikern selbst mit einfachen Teppichmessern massiv verletzen. Es wird darüber nachgedacht werden müssen, ob noch mehr Kontrolle und Technologie oder eher ein Besinnen auf die Ursachen und deren Behebung langfristig die Sicherheit für unsere Kultur wiederherstellen kann. Und ob der wachsende Reichtum unserer Kultur in Anbetracht der steigenden Armut einer immer größer werdenden Weltbevölkerung überhaupt auf diese Weise sichergestellt werden kann oder soll.

• Gravierende Umbrüche sind nicht zuletzt auch bei allen jenen Systemen zu verzeichnen, die ihre Stabilität allzu sehr ökonomischen Wachstumsmodellen verdanken. So wird zunehmend deutlich, dass die Renten, das Gesundheitssystem oder das Bildungssystem so einfach, wie es bisher schien, nicht mehr bezahlbar sind. Gleichzeitig wird aber auch offenkundig, dass keine Alternativen zur Wachstumsökonomie entwickelt wurden und dass offenbar keine überzeugenden Konzepte für eine funktionierende Gesellschaft ohne Wirtschaftswachstum vorhanden sind. Die Medien zeigen uns, wie selbst ein Heer von Fachleuten im Spektrum kurzfristiger Reparaturlösungen ratlos von tagespolitischen Kräften getrieben wird.

Dies alles bewegt und verunsichert uns. Doch in den sorgenvollen Fragen, die bei diesen makroskopischen Umbrüchen von den Menschen gestellt werden – »Wie soll das alles werden?« –, schwingt mehr oder minder die persönliche Perspektive mit, nämlich: »Wie soll das alles *für mich* (und meine Angehörigen) werden?« Auch hier begegnet uns also eine Verwobenheit von Mikro- und Makroperspektiven, die mir typisch zu sein scheint für die Struktur unserer Lebenswelt: Stets geht es um Aspekte der Lebenswelt, die auf das Individuum – ja, in persönlicher Betroffenheit: auf mich selbst als Zentrum meiner Lebenswelt – bezogen sind. Und diese Perspektive wird gleichzeitig von der Erfahrung begleitet, wie sehr das Individuum in die sozialen Prozesse der Gesellschaft eingebettet ist.

Diesen allgemeinen Zusammenhang möchte ich zunächst an einer Fallgeschichte aus dem therapeutischen Alltag etwas näher ausführen. Es handelt sich um eine Sitzung, die erst vor wenigen Tagen stattfand, als ich in den Vorbereitungen zum heutigen Vortrag steckte, und bei der mir daher die Verbindung zum Thema besonders bewusst wurde.

In Kooperation mit einer Großpsychiatrie führen wir seit Jahren Seminare für Studenten durch[3], in denen wir stationär untergebrachte Patienten zu einer etwa zweistündigen Sitzung einladen. Diese Veranstaltung ist übrigens nicht nur bei den Studenten, sondern auch bei den Patienten sehr beliebt – und auch bei deren Therapeuten aus der Klinik, die dann ebenfalls mit anwesend sind. Offensichtlich profitieren alle Beteiligten davon.

Im ersten Teil wird, meist von meinem Kollegen, ein »familienbezogenes Interview« durchgeführt. Es geht darin um Namen und Daten von Geschwistern, Eltern, Großeltern – sowie gegebenenfalls von Partner und Kindern – des Patienten. Neben Geburtsdaten werden auch Heiraten, Scheidungen und andere bedeutsame Ereignisse erfragt; Berufe und andere wichtige Aspekte bereichern die Information, und alles wird in einem großen Bild an der Tafel, einem so genannten »Familiengenogramm«, dargestellt. Aus dieser recht schlichten und sachlichen Information entsteht in der Zusammenstellung bereits oft ein beeindruckendes Bild von Zusammenhängen und Merkwürdigkeiten. Da zieht sich ein Vorname, vielleicht der des Patienten, bereits durch Generationen, oder es fällt auf, dass über die Familie des Vaters sehr viel, aber über die der Mutter fast gar keine Kenntnisse vorhanden sind. Da werden zeitliche Zusammenhänge zwischen Todesfällen oder Geburten und besonderen Krisen deutlich. Typische Leit-(und: Leid-!)Sätze in den Familien, die häufig auch schon ungefragt offenbart werden, stehen in frappierender Übereinstimmung oder in Kontrast zueinander beziehungsweise zu wichtigen Themen des Patienten und so weiter.

Aus der Perspektive unseres heutigen Themas könnte man auch sagen: Es entsteht ein erstes Übersichtsbild davon, welche Brüche und Umbrüche in den Biografien der einzelnen Mitglieder der Mehrgenerationenfamilie und im Familienschicksal insgesamt besondere Bedeutsamkeit erlangt haben. Angesichts der Geschichte des 20. Jahrhunderts in Europa sind diese Ereignisse in der Tat meist auch in historische Brüche und Umbrüche eingebettet: Vertreibungen, Um- und Aussiedlungen, längere Gefangenschaften, durch den Krieg verursachte Todesfälle noch junger Familienväter und -mütter. Schon diese wenigen, sachbezogenen Daten geben oft kurze, aber ergreifende Einblicke in schwere und verworrene Schicksale. Und sie lassen noch viel mehr solcher mühsam vernarbter Brüche erahnen, die im Zusammenhang mit den historischen Wirrungen stehen – auch mit Verstrickungen in die Schuld der NS-Diktatur. Ohne viele Worte und Erklärungen werden häufig auch Zusammenhänge offenbar, wie Brüche und Umbrüche die Kreativität der Familien herausgefordert haben, wie dies nicht selten zu recht merkwürdigen Lösungen der Probleme führte und wie vielleicht das aktuelle Leid mit diesen einmal in der Not der Umstände gefundenen Lösungen zusammenhängen könnte. Es lässt sich aber auch schon oft ahnen, was die übliche Lebensdynamik daran hindern könnte, neuerlich Brüche und

Umbrüche zuzulassen – das heißt solche Veränderungen, die mit der lähmenden Wiederholung täglicher Symptome »einfach« brechen und den Übergang von einer als krankhaft verstandenen Dynamik zu einer als gesünder empfundenen einleiten würden. Kurz: Es geht um Fragen, wie die Symptome in Sinnzusammenhänge eingebettet sein könnten. Dabei steht nicht so sehr die in unserer Alltagswelt so typische – und meist so hinderliche – Frage nach der »Verursachung« oder der »Schuld« im Zentrum, sondern eher die Frage danach, was die Symptome stabilisiert und was eine Veränderung eher behindert. Dazu noch später.

Obwohl wir in der Regel im Rahmen dieser Veranstaltung jeweils nur einen einzelnen Patienten vor uns haben – seine Familienangehörigen physisch also nicht anwesend sind –, wird durch das familienbezogene Interview bereits die Aufmerksamkeit darauf gelenkt, welch große Bedeutung dem Sozialsystem »Familie« zukommt. Dies mag vielleicht den einen oder anderen erstaunen, weil man immer wieder und immer öfter liest, dass die »Familie« quasi »ausgedient« habe. Belegt werden solche Aussagen mit der ungeheuer gestiegenen Zahl an Scheidungen und Singles, mit den vielen Patchworkfamilien aus geschiedenen und wieder verheirateten Partnern, mit allein erziehenden Müttern und Vätern und so weiter. Dies alles ist wichtig und bedeutsam und zeigt in der Tat den Wandel an, der mit der Erfahrung und dem Konzept von »Familie« in der heutigen Gesellschaft verbunden ist; und dass die Standardfamilie aus der »heilen Welt« der Werbeindustrie – Vater, Mutter, zwei Kinder, meist mit Hund, fröhlichem Lachen und Zeit füreinander – längst nicht mehr der Alltagsrealität entspricht. Man darf aber sicher sein, dass die gut informierte Werbeindustrie keineswegs überkommene, verstaubte Bilder aus Mangel an Sensibilität für Veränderungen präsentiert, sondern weil nach wie vor die oft nur unterschwelligen Sehnsüchte der Menschen unserer Kultur mit solchen Bildern verknüpft sind (allerdings auch durch diese genährt werden).

Wichtiger für unser Thema ist aber, dass die Familie immer als Mittler zwischen den Mikro- und Makroprozessen zu sehen ist, die das Wesen der Kultur ausmachen – egal, ob es sich um eine klassische Familie oder aber eine Patchwork- beziehungsweise Rumpf-Familie handelt. Längst bevor die Schule und andere formale Institutionen greifen können, wird über die Familie der Bezug zur Sozialgemeinschaft hergestellt. Durch sie wird der Mensch in die Geschichte und die Geschichten der Vorgenerationen eingebettet, indem das als Selbstverständlichkeit vermittelt wird, was als Sinn- und Unsinn, als Normen und Werte, als Gebote und Verbote, als Regeln und Freiheiten die Struktur einer bestimmten Kultur ausmacht. Die Familie ist aber zugleich Basis für die Entwicklung der Individualität, die immer als eine »bezogene Individuation« gesehen werden muss. Sie hat somit das Kunststück zu vollbringen, gleichzeitig die Botschaft zu vermitteln: »Werde wie wir!« und: »Werde ganz du selbst!« – ein dialektischer Widerspruch, wie er herausfordernder an die Entwicklung eines jungen Menschen nicht sein kann. Und letztlich ist die »Familie« auch und weiterhin nicht nur Grundmuster für soziale Beziehungen, sondern zudem eine Projektionsfläche für Wünsche, Bedürfnisse und Phantasien hinsichtlich Geborgenheit, Intimität und Vertrauen – jene Grundbedürfnisse, deren Erfüllung die Werbeindustrie mit ihren Familienbildern vorgaukelt. Was sich auch immer über den objektiven Zustand heutiger Familien mit Hilfe der empirischen Analysen der Gesellschaftswissenschaftler sagen lässt: Das kognitive System von »Familie« über mehrere Generationen hinweg ist weiterhin eine implizite und explizite Bezugsgröße für die Struktur der Lebenswelt jedes Einzelnen in unserer Kultur. Die Grundstrukturen dessen, was wir Realität nennen, wurden von jedem in früher Kindheit relativ zu diesem kognitiven Sozialmuster und den damit verbundenen Narrationen entwickelt. Und deshalb ist eine Reflexion dieser jeweils spezifischen Strukturen für jeden Menschen in hohem Maße erhellend.

Die Patientin im Seminar vergangene Woche, eine Frau Mitte dreißig, litt an einer Zwangsstörung – wobei wir auf die Details des klinischen Bildes hier nicht eingehen müssen. Beide Eltern stammten, wie sich zeigte, aus Familien, die unmittelbar drei großen Umbrüchen unterworfen gewesen waren: Die Großeltern väterlicherseits stammten aus dem heutigen Russland, die Großeltern mütterlicherseits aus dem heutigen Polen. Neben dem Krieg und dem Zusammenbruch der Wertvorstellungen aus der Propaganda des Dritten Reiches war in beiden Herkunftsfamilien also noch die Vertreibung und der Verlust der Heimat als zweiter Umbruch bedeutsam. Als ein weiterer bedeutsamer Bruch kam zu der Geschichte dieser Patientin hinzu, dass beide Großelternpaare sich getrennt hatten, als deren Kinder, das heißt die Eltern der Patientin, jeweils noch klein waren.

Die Ehe dieser Eltern selbst hatte zwar »gehalten«, aber – wie ich sagen würde – um den Preis von Verkrustungen und Erstarrungen: Der Vater wurde als sehr autoritär, mit einer »harten Schale« und extrem ordnungsliebend beschrieben. Selbst hatte er zwar keine Zwangsstörung entwickelt, aber einen Beruf gewählt, bei dem das sorgfältige Ordnen von Fakten und Daten zentraler Bestandteil war. Die Mutter wurde als sehr angepasst an diese Lebensweise geschildert. »Ich muss stets stark sein« und »Ich kann schwer vertrauen« waren denn auch die zentralen Leit- beziehungsweise Leidsätze der Patientin.

Ich will hier nicht auf weiteres »Un-Heil« in der Biografie der Patientin eingehen – wobei ein Wort wie »Un-Heil« ja schon rein sprachlich auf Aspekte wie »Zerbrochenheit« in nicht gut überstandenen Umbrüchen hinweist. Bemerkenswert ist vielmehr, dass die Zwangsstörung von der Patientin als ein »Monster« bezeichnet und benannt wurde. Diese Sichtweise wurde im zweiten Teil des Seminars noch prägnanter. Hier können die Studenten ihre Eindrücke reflektieren, Überlegungen anstellen und diese in Form von weiteren Fragen vorbringen.[4] Sehr viele der Überlegungen und Fragen kreisten darum, wie man das »Monster« loswerden könnte oder ob es nicht zumindest Möglichkeiten gäbe, es »schrumpfen« zu lassen.

Ein dritter Schritt in diesem Seminar besteht darin, dass ich mich nach dieser »Fragerunde« mit vier oder fünf Studenten in einen kleinen Kreis setze – umgeben von den anderen Studenten, der Patientin, ihrem Therapeuten und meinem Kollegen. In dieser kleinen Runde »reflektieren« wir unsere Eindrücke und Hypothesen, die wir aus dem Aufstellen des Genogramms und den weiteren Fragen gewonnen haben. Diese Vorgehensweise des so genannten »Reflektierenden Teams« wurde zuerst von dem Norweger Tom Anderson entwickelt. Es geht darum, in Anwesenheit des Patienten – und in anderen therapeutischen Zusammenhängen: auch des Paares oder der Familie – in respektvoller Weise möglichst viele Verstehensmöglichkeiten des Gehörten zu thematisieren. Die beabsichtigte Wirkung liegt, kurz gesagt, darin, die oft allzu reduzierte Sicht von Interpretationen und Deutungen der Realität und damit auch die verminderte Wahrnehmung von Veränderungsmöglichkeiten wieder mit mehr Komplexität zu versehen. Darauf werde ich später noch einmal kommen.

In diesem Fall gab mir das »Reflektierende Team« endlich Gelegenheit, mein Unbehagen über die »Monster«-Version der Störung in ihrer Einseitigkeit auszudrücken. Für mich schien mindestens ebenso bedeutsam, das Augenmerk darauf zu lenken, dass Zwang, Perfektion und Ordnung auch als Antwort auf die dreifachen Umbrüche und das damit verbundene Chaos verstanden werden können. Die Familie konnte diese Herausforderungen des Schicksals nur mit dem Credo einigermaßen überleben: »Das darf uns nie wieder passieren.« Der Leitsatz: »Man kann sich auf nichts verlassen, es sei denn, es ist kontrolliert und geplant« ist damit nur allzu verständlich. So gesehen kann das »Monster« also auch als eine Art Schutztier gesehen werden, das vor einem noch größeren und bedrohlicheren »Monster« bewahren soll, nämlich dem Chaos.

So frag-würdig (im doppelten Sinn) die Kontrollantwort in den Symptomen der Patientin auch sein mag: Sie gibt Sicherheit. Eine solche Art der Sicherheit wurde noch augenfälliger durch einen anderen Zwangspatienten zum Ausdruck gebracht: Es war ein Mann in den Vierzigern, der – neben anderen Symptomen – nur noch völlig erstarrt, mit steifen Beinen und winzigen Schlurfschritten gehen konnte. Erst bei einem solchen Extrem wird uns die ungeheure Vertrauensleistung selbst bei einem so einfachen Vorgang wie dem Gehen deutlich: Wir müssen uns ständig nach vorne fallen lassen – von der Gewissheit und der Fähigkeit begleitet, im Fallen von den Beinen wieder aufgefangen zu werden. Wenn ein solches Vertrauen fehlt, wenn man nicht zu einem solchen Fallen bereit ist, bleibt bei unserer Anatomie tatsächlich nur die Wahl steifer Schlurfschritte.

Gleichzeitig wird aber auch deutlich, dass ein Ankämpfen gegen diese Sicherheit und Kontrolle – oder gegen das »Monster«, wie die Patientin es nannte und die Studenten dies nur zu eilfertig übernahmen –

nicht unbedingt der erfolgversprechende Weg ist. Denn unsere übliche Form des »Ankämpfens« hat sehr viel von »noch mehr Sicherheit« und »noch mehr Kontrolle« – wäre also ein »Mehr desselben!«. Der Versuch aber, Probleme mit »Mehr desselben« zu bekämpfen, ist besonders in der systemischen Literatur ein Paradebeispiel dafür, dass Probleme durch versuchte Lösungen wenn schon vielleicht nicht geschaffen, so zumindest doch oft aufrechterhalten werden. Das sorgenvolle Bemühen, ja möglichst schnell einzuschlafen, damit man am Morgen ausgeschlafen ist und dann vielleicht »frisch und munter« eine besonders heikle Situation, etwa eine Prüfung, bestehen kann, mündet nicht selten darin, nun gerade nicht einzuschlafen. Stattdessen wird man immer unruhiger, weil doch die so dringend benötigte Zeit für den Schlaf mehr und mehr fehlt und die Prüfungssituation damit zunehmend bedrohlicher erscheint. Ebenso mündet der bewusste Versuch, ganz spontan und unbefangen zu lächeln, meist in einem Fiasko aus Verkrampftheit und offenkundiger Unechtheit.

»Monster« wollen daher zunächst einmal in ihrer Leistung gewürdigt sein. Erst wenn der blinde Kampf dagegen eingestellt und stattdessen diese Leistung deutlich wird, lässt sich überhaupt darüber nachdenken, wie dieselbe Leistung auf andere Weise erreicht werden kann. Wenn somit die Funktion, die das »Monster« übernommen hat, erkannt und auf einem anderen Wege erfüllt wird, gibt es für das »Monster« weniger Daseinsberechtigung. Es wird dann, aber eben auch erst dann, leichter, sich davon zu verabschieden. Natürlich klingt dies hier nun einfacher, als es in der Realität therapeutischer Prozesse meist ist. Es ist allerdings in diesem Kontext auch nicht das Ziel, einen spezifischen therapeutischen Weg im Detail nachzuzeichnen. Vielmehr geht es um die Erläuterung des Grundprinzips, wie gerade Umbrüche nicht immer nur dazu führen, dass die Chancen der Veränderung genutzt werden, sondern im Gegenteil, dass sie oft auch zu Starre führen können. Doch diese Starre kann eben nicht einfach bekämpft werden – so symptombelastet und »monsterhaft« sie auch auf uns wirken mag –, sondern sie muss gerade in ihrer Leistung verstanden werden, um dann diese Leistung über andere Wege zu verwirklichen.

Bemerkenswerterweise finden wir diesen Hang, den »Monstern«, die sich als Antworten oder Resultate aus Umbrüchen ergeben, mit mehr Kontrolle und Ordnungszwängen zu begegnen und sie damit letztlich zu nähren statt ihnen durch Verständnis der Zusammenhänge einen begrenzten Platz zuzuweisen, auch auf der gesellschaftlichen Ebene. Veränderungen, besonders wenn sie rasch und unvorhersehbar erfolgen – und das ist ja gerade das Kennzeichen von Umbrüchen –, machen Angst. Da liegt es nahe, sich an die alte Ordnung zu klammern, auch wenn intuitiv oft klar ist, dass das, was damit geordnet wurde, und die Umstände, in welche diese Ordnung passte, vielleicht längst Prozesse von Veränderung durchlaufen haben. Es liegt auch nahe, nach Ordnungskräften zu rufen – Militär, Polizei oder wenigstens dem Rechtsanwalt. Schließlich wird uns doch von allen Seiten vermittelt, dass ohne die ordnenden Eingriffe das Chaos, die Anarchie oder zumindest ein Desaster drohen.

Ordnung und Kontrolle als Chaosvermeidung

An dieser Stelle wollen wir zunächst der Frage nachgehen, warum wir im Alltag und besonders bei Umbrüchen fast selbstverständlich zu Kontrollmechanismen greifen, die allzu leicht in Zwangsordnungen führen – das heißt in Ordnungen, bei denen wir uns dann eher den Strukturen ausgeliefert und unterworfen fühlen, anstatt souverän über sie verfügen zu können.

In »Chaos, Angst und Ordnung« (Kriz 1997)[5] habe ich versucht zu zeigen, dass ein zentraler Grund für den Griff nach Kontrollmechanismen darin zu liegen scheint, dass wir mit ihrer Hilfe die Angst vor der Kontrolllosigkeit überwinden können. Wie im Fall der Patientin können wir daher die leidvollen Symptome zunächst als Leistungen verstehen und würdigen, eine noch größere Not abzuwenden. In der Tat ist die Fähigkeit zur Ordnungsbildung in unserer Welt not-wendig. Denn die Struktur unserer Lebenswelt ist, wie sich zeigen lässt, dem Chaos mühsam abgerungen. Die modernen Naturbeschreibungen, besonders die Chaos- und Systemtheorie, zeichnen ein Weltbild, das als Grundphänomen auf einer dynamischen, prozessualen Abfolge von Einmaligkeiten beruht, eingewoben in einen unendlich komplexen Evolutionsprozess. Diese Sicht der Welt steht übrigens in Übereinstimmung mit Weisheitslehren unterschiedlicher Kulturen und zu unterschiedlichen Zeiten: »Man kann nicht zweimal in denselben Fluss steigen«, betonte bereits Heraklit.

Doch wenn eine solche strukturlose beziehungsweise überkomplexe Vielfalt in letzter Konsequenz auch die Basiserfahrung unserer Lebenswelt ausmachen würde, könnten wir darin nicht leben. Wir hätten panische Angst – eine Angst, von der wir in Alpträumen, in Momenten psychischer Einbrüche oder aus den Schilderungen mancher Patienten oder von schweren Schicksalsschlägen Getroffener einen vergleichbar schwachen Einblick bekommen. Der Soziologe Peter Berger (1970)[6] schildert in einer Schlüsselszene menschliches Ringen am Rande des Chaos: Ein Kind erwacht in der Nacht, die vertrauten Umrisse seiner Wirklichkeit sind im Dunkel verschwunden. Und Berger beschreibt, wie sich das Kind dabei »namenloser Angst ausgeliefert« erlebt, mit den Worten: »Chaos will hereinbrechen!«

In der Tat gibt es wohl kaum etwas, das für den Menschen bedrohlicher ist, als wenn die Strukturen seiner Lebenswelt sich auflösen – wenn jedwede Ordnung zusammenbricht und er sich dem Unvorherseh- und Unvorhersagbaren ausgeliefert erleben muss. Schon relativ geringe Anzeichen solcher Auflösungstendenzen erfüllen uns mit Schrecken. So kennzeichnet zum Beispiel der Wiener Therapeut und Begründer der Personalen Existenzanalyse Alfried Längle in seiner »Existenzanalyse der Angst« (1996)[7] die »Grundangst« als die Erfahrung des »Nichts ist sicher«, bei der es um eine »Erschütterung des fest Gefügten« geht und »Halt und Boden drohen verloren zu gehen«.

Im Alltag wie in der klinischen Literatur wird ein solches Geschehen oft mit »Chaos« bezeichnet. Und es ist verständlich, wenn der Mensch gegebenenfalls noch seine letzten Kräfte mobilisiert, um sich drohender Strukturlosigkeit entgegenzustemmen – was viele Fallgeschichten zeigen –, das heißt, wie er notfalls versucht, dem Chaos zumindest einen Rest von Ordnung abzuringen. So schreibt zum Beispiel Christa Rohde-Dachser – unter Verweis auf Autoren wie Otto Kernberg und Luc Ciompi – zur Kennzeichnung der Spaltung der Objektbeziehungen in »gut« und »böse« bei Borderline-Störungen: »Die Spaltung ist also – wenn man so will – der erste und urtümliche Versuch des Menschen, seine widersprüchlichen Erfahrungen innerlich abzubilden und gleichzeitig zu ordnen, dem Chaos eine Struktur zu geben.«[8]

Geht man der Frage nach, wie in unserer Lebenswelt Ordnung entsteht und dem Chaos abgerungen wird, so verweist ein erster Antwortschritt auf die Phylogenese: Bereits das Programm des Lebens beinhaltet nämlich, der unendlichen Komplexität einer einmalig ablaufenden Weltevolution dadurch Ordnung abzuringen, dass Regelmäßigkeiten ge- und erfunden werden. So spricht Friedrich Cramer, langjähriger Direktor am Göttinger Max-Planck-Institut für experimentelle Medizin, von »Chaosvermeidungsstrategien«, die »bei Prozessen des Lebens, wie der Proteinbiosynthese bis hinauf zu komplexen biologischen Vorgängen, ja sogar bis hin zu den kognitiven Schöpfungen wie Kunst und Ästhetik« eine wesentliche Rolle spielen; und er betont: »Ordnung, Formenbildung, Schöpferkraft sind das Resultat einer inhärenten Chaosvermeidung, im Kosmos wie auch im Leben des Einzelnen.«[9]

Auch beim Menschen greifen evolutionäre Programme zur Chaosvermeidung schon vor jeder Begrifflichkeit und Sprache (als wesentliche und ordnende Bestandteile dessen, was wir »Kultur« nennen – und worauf wir gleich noch zu sprechen kommen). So hat zum Beispiel die Gestaltpsychologie herausgearbeitet, wie stark unsere Erfahrung der Welt bereits auf unterster Wahrnehmungsebene aktiv organisiert ist, indem Reize zu Gestalten strukturiert werden: Punkte auf dem Papier werden »automatisch« zu Mustern und Bildern geordnet, eine Abfolge von Tönen wird, wenn irgend möglich, als eine »Melodie« wahrgenommen, und die Einzelteile (Punkte oder Töne) erhalten innerhalb dieser Ordnungen oft eine neue und spezifische Bedeutung – zum Beispiel ergibt sich so das Phänomen »Leitton« einer Melodie. Auch zur Erfindung von komplexeren Ordnungsstrukturen gibt es Befunde in zahlreichen Varianten. So können zum Beispiel bewegte geometrische Figuren unter bestimmten Bedingungen den zwingenden Eindruck von typischen »sozialen Beziehungen« beziehungsweise »kausalen Verursachungen« hervorrufen. Und auch wenn man es besser weiß: Sofern beim Klingeln an der Haustür ein Blumentopf aus dem vierten Stock fällt, erschrickt man nicht nur, sondern es stellt sich unmittelbar das Gefühl von »Verursachung« und Kausalität ein. Dieses wird zwar meist sofort danach wieder relativiert, indem man sich sagt: »So ein Unsinn!« Aber die unmittelbare Erfahrung hat sich erst einmal so eingestellt; und übrigens wurden dabei meist auch in erheblichem Ausmaß Stresshormone ausgeschüttet, die nun noch eine Zeit lang im Körper weiterwirken. Die Erfahrung von Kausalität ist so auch dann wirksam, wenn sie eingebildet und gegen jede Vernunft ist.

Diese evolutionären Programme, mit denen wir die Erfahrungswelt nach Regelmäßigkeiten, Kausalitäten, sozialen Strukturen und anderen Formen der Ordnung durchsuchen – und im Zweifelsfall gar Ordnungen erfinden –, werden beim Menschen erheblich durch die kognitiven Werkzeuge und Strukturen der Sprache unterstützt und ausdifferenziert. Indem man Kategorien schafft und benennt, werden die jeweils damit bezeichneten Situationen und Dinge einander äquivalent und verlieren gleichzeitig Aspekte ihrer Einmaligkeit. So war genau genommen kein »Abend« in der Geschichte des Universums einem anderen völlig gleich und kein »Morgen« war mit einem anderen wirklich identisch. Und dennoch macht es nicht nur Sinn, von »Abend« und »Morgen« zu reden, sondern es ist wesentlich für das Leben, die Abfolge solcher Kategorien als Regel auszumachen. Solche Abfolgen von Tag und Nacht, Ebbe und Flut, Frühling, Sommer, Herbst und Winter und so weiter sind bedeutsam für die Entwicklung und die Organisation von Leben. Denn erst diese Abfolge von Kategorien und deren Wiederholung ermöglicht Voraussagbarkeit und Planbarkeit und verringert somit Unsicherheit im Umgang mit der Welt. Wir hätten fast keine der am heutigen Tag durchgeführten Handlungen und Tätigkeiten ausführen können, wenn wir solche Regelmäßigkeiten nicht entwickelt hätten.

Das Finden und Erfinden von Ordnung durch Abstraktion von der unmittelbaren sinnlichen Erfahrung, Reduktion der Einmaligkeit und Komplexität zu überschaubaren Kategorien und deren Fixierung durch Begriffe und Konzepte schafft also jenes Vertrauen in unserer Lebenswelt, welches für unsere vielfältigen Aktivitäten notwendig ist. Indem uns viele Situationen bekannt erscheinen, wir uns auf Vertrautes verlassen können, gewinnen wir zeitliche und geistige Freiheit, um uns neuen Aufgaben zuzuwenden. Man stelle sich nur vor, man müsste jeden Morgen mit seinem Lebenspartner über alle Aspekte der Aufgabenverteilung des begonnenen Tages neu verhandeln. Und alle Abstimmungen darüber, wie man gemeinsam leben will, welche Ziele man verfolgt, wer welche Verbindlichkeiten übernimmt – etwa bestimmte Aufgaben den Kindern gegenüber, Einkauf, Besorgungen und so weiter –, stünden zur Disposition. Wahrscheinlich würde der Tag gar nicht ausreichen, über all jene Aspekte, die im Laufe der Jahre »selbstverständlich« geworden sind, neu zu verhandeln und zu Lösungen zu kommen. Und wenn man dies jeden Tag neu tun müsste, wäre damit das Leben ausgefüllt und man käme zu nichts anderem mehr. Die Routine des Alltags mit ihren Selbstverständlichkeiten und dem Vertrauen darauf ist also ungemein entlastend und wichtig.

Dies ist allerdings nur die eine Seite. Eben jene Seite, auf der die Leistung unserer Fähigkeit, Ordnung zu finden und zu erfinden, besonders im Zentrum steht. In Therapien hingegen haben wir es üblicherweise eher mit der anderen Seite zu tun. Hier wird diese Leistung zur Ordnungsbildung symptomatisch. Auf die Frage des Therapeuten in Paar- und Familientherapien: »Haben Sie eigentlich gehört, was Ihr Partner gerade gesagt hat?« kommt nicht selten die Antwort: »Nein, nicht genau – aber als er mich so ansah, wusste ich schon, was er sagen würde!«

Was dieses idealtypische Beispiel prägnant ausdrückt, ist die Tatsache, dass scheinbar allzu Vertrautes den Blick für das aktuelle Geschehen und die Erfahrungsmöglichkeiten verstellen kann. Die Kategorien, in die wir die vermeintlich so typischen Situationen einordnen, um sie zu beschreiben, sind dann wirksamer als die reale Erfahrung der neuen Aspekte. Wenige Hinweisreize genügen und man glaubt bereits zu wissen, worum es geht. Der Blick oder die ersten Worte in den Aussagen des Partners werden dann zu einem Trigger, der nur noch ein Abspulen der »inneren Filme« auslöst. Man reagiert dabei auf die eigenen Vermutungen und Unterstellungen und hält diese unbewusst für die äußere Realität, die dann selten infrage gestellt und überprüft wird.

Schlimmer noch: Wenn der Partner erlebt, wie auf vieles, was er sagt und tut, ohnedies in gleicher Weise reagiert wird, weil der andere gar nicht richtig zuhört, wird er sich auch weniger Mühe geben, überhaupt noch Neues zu produzieren. Dies bestätigt aber scheinbar wiederum, dass er Recht damit hatte, »dass vom anderen sowieso immer nur das Gleiche kommt«. »Wozu soll ich mich ändern, wenn der andere das sowieso nicht merkt«, ist eine ebenso häufig zu findende Aussage, die es auf den Punkt bringt. Hier wirkt somit ein Teufelskreis zwischen Interpretationen und Verhalten, der sich einerseits immer wieder selbst bestätigt und andererseits, im ungünstigen Fall, die Freiheitsgrade immer weiter einengen kann. Die nicht gewürdigte und wahrgenommene Flexibilität in den Interaktionen verarmt dann zusehends, sodass auch ein Beobachter von außen nicht nur rigide Kategorisierungen und Deutungen, sondern auch rigide interaktive Verhaltensmuster findet. Individuelle und interaktive Dynamiken sind so miteinander verkoppelt.

Es zeigt sich also, als eine Art Zwischenresümee, dass unsere evolutionär erworbene Fähigkeit zur Abstraktion, Kategorisierung und Entdeckung beziehungsweise Erfindung von Regelmäßigkeiten und Ordnung ein Janusgesicht hat: Auf der einen Seite ermöglicht sie Vertrauen und Prognosen, schafft Sicherheit und Verlässlichkeit und macht den Menschen so frei für viele neue Aktivitäten. Auf der anderen Seite können die Prognosen sowie das zu sehr Vertraute und Bekannte den Blick für Neues und für Veränderungsmöglichkeiten verstellen. Statt des Gewinns von größerer Freiheit ist dann ein Verlust von Freiheit zu beobachten, weil die Teufelsspirale aus reduzierenden Erfahrungskategorien und Verhaltensweisen gerade in sozialen Beziehungen den möglichen Spielraum für Spontaneität, Kreativität und flexible Veränderungen mehr und mehr verengt.

Diese Beschreibung lässt aber auch schon ahnen, was ein hilfreicher Weg aus solchen Zwangsordnungen sein könnte – ein Weg, zu dem Therapeuten recht unterschiedlicher Ausrichtungen ihren Patienten Mut machen: Es geht darum, wieder mehr Komplexität und Einmaligkeit in die reduzierten und kategorisierten Wahrnehmungen und Beschreibungen einzuführen. Und da unsere Kategorien in hohem Maße mit sprachlichen Werkzeugen geschmiedet werden, kommt es darauf an, zementierende Beschreibungen so zu dekonstruieren und zu destabilisieren, dass neue Deutungs- und Verstehensmöglichkeiten eröffnet werden, welche dann in Folge auch die Wahrnehmungen und das Verhalten verändern.

Nehmen wir beispielsweise einen Begriff wie »Verhaltensstörung«. Dieser ist – etwa im Zusammenhang mit der Beschreibung, die Eltern beim Vorstellen ihres Kindes in der Beratungsstelle wählen – statisch und festschreibend. Denn wenn gesagt wird: »Der kleine Hans hat eine Verhaltensstörung«, so lässt sich höchstens noch fragen: »Seit wann?« oder »Von wem hat er die geerbt?«. Das heißt, hier wird implizit eine Vorstellung transportiert, die an ein »Ding« erinnert. Psychologen sprechen daher ebenso wie Sozial- und Sprachwissenschaftler von »Verdinglichung«. Ein solcher Begriff ist dann für Veränderungen in der realen Dynamik der Wahrnehmungen und Handlungen eher hinderlich, auch wenn »intuitiv« klar sein mag, dass diese Art der Beschreibung nicht die ganze Wahrheit abbilden kann.

Ein erster Schritt, über die »Verflüssigung« der sprachlichen Sinnprozesse die Starrheit der Zuschreibungen aufzulösen, wäre schon die Formulierung: »Hans verhält sich gestört.« Denn diese scheinbar fast gleiche Formulierung lässt Fragen aufkommen wie: »Wann und wann nicht?« oder »In welchem Zusammenhang zeigt er das und in welchem nicht?« Die nähere Erörterung solcher Fragen aber führt zu einem komplexen Gefüge aus unterschiedlichen Situationen, in denen manches von Hans' »Störung« verständlich wird. So gibt es vielleicht Situationen, in denen sein Verhalten als »natürliche Reaktion« auf Provokationen seiner Schwester auftritt. In anderen Situationen könnte es zum Beispiel als »Signal für mehr Aufmerksamkeit« oder als »Ablenken vom sich anbahnenden Streit zwischen den Eltern« verstanden werden. Und es wird sicher auch solche Situationen geben, in denen er sich einfach unverschämt und ungebührlich verhält. Worauf es aber ankommt, ist, dass die verengende Bedeutungsmacht des Begriffs und Konzepts »Verhaltensstörung« überwunden wird und die komplexe Vielfalt der Situationen und ihrer Bedeutungen wieder wahrgenommen werden kann.

Sofern dies gelingt, ist häufig schon eine wesentliche Basis dafür geschaffen, dass in differenzierter wahrgenommenen Situationen die Eltern in der Lage sind, unterschiedlich zu reagieren. Diese neuen Reaktionen der Eltern lassen wiederum im günstigen Fall auch für den kleinen Hans den Raum für neue Verhaltensweisen größer werden. »Intuitiv«, so werden die Eltern vielleicht sagen, »haben wir immer schon gewusst, dass manches, was Hans tut, etwas anderes bedeutet. Aber das implizite Konzept ›Verhaltensstörung‹ hatte unseren Blick allein auf diese eine, ›in Hans liegende Ursache‹ fixiert.«

Die Macht der Sprache

Dieses Beispiel zeigt zunächst einmal deutlich die Macht unserer Sprache – wie diese mit ihren expliziten und vor allem impliziten Kategorien, Konzepten und Metaphern enorme Wirkung dahingehend ausüben kann, die kognitiven Strukturen der Lebenswelt zusammenzuziehen und zu versteinern. Dies findet nicht nur bei solchen Konzepten wie »Verhaltensstörung« statt. Vielmehr wirken in unserer Kultur gerade auch die »großen« Fragen und Themen als typische Sinnattraktoren, das heißt als kognitive Feldkräfte, welche den geistigen Raum des Weltverstehens verengen und die Sicht auf Lösungen verstellen. Ich meine damit jene zwar prinzipiell wichtigen, meist wertbezogenen Fragen und Themen, die dazu dienen, Orientierungen zu geben: »richtig« versus »falsch«, »gut« versus »böse«, »krank« versus »gesund«, »schuldig« versus »unschuldig«, »wahr« versus »unwahr« und so weiter. Die Beispiele zeigen aber bereits, dass die kognitiven Landschaften solcher Begriffe typischerweise durch Dichotomien gekennzeichnet sind.

Jeder der mit diesen Dichotomien aufgespannten Fragebereiche ist bedeutsam; denn natürlich ist es uns keineswegs gleichgültig, ob eine Aussage als richtig oder falsch, wahr oder unwahr einzustufen ist, oder jemand als schuldig oder unschuldig angesehen werden muss. Doch neben der Wichtigkeit solcher Wertorientierungen ist auch die Einsicht bedeutsam, dass sich diese Fragen meist auf überaus komplexe Situationen und Entwicklungen beziehen und sich daher nicht einfach und nicht eindeutig beantworten lassen. »Schuldig«, »krank«, »böse« und so weiter sind Zuschreibungen, die von der Bewertung vieler Einzelaspekte abhängen. Und auch die Frage nach Wahrheit, Richtigkeit und so weiter bezieht sich in der Komplexität des Alltagslebens – also jenseits abstrakter logischer Gedankenspiele – auf Prozesse, bei denen allein schon die definitorische Abgrenzung schwierig ist und unterschiedlich ausgelegt werden kann.

Im Gegensatz zu diesen Einschränkungen und der damit verbundenen Relativität, mit der diese Fragen daher erörtert werden müssten, finden wir in vielen Fällen – und besonders häufig im Zusammenhang mit pathologisch gewordenen Beziehungen – einen erschreckenden Totalitarismus vor: Es finden Überlebenskämpfe – manchmal fast im wörtlichen Sinne – darum statt, diese Fragen ein für alle Mal endgültig zu lösen: »Der ist eben einfach böse!« oder »So wie du das darstellst, ist das gelogen« sind Formulierungen, die mit Prädikaten wie »immer«, »nie«, »völlig« und so weiter versehen werden und zudem oft als dinghafte Charaktereigenschaften erscheinen: »Der ist einfach so!« Solche Sprach- und Denkdynamiken reduzieren oft die Kreativität und Spontanfluktuation in den konstruierten Lebenswelten von Paaren und Familien – besonders bei jenen, deren Interaktionsmuster in der Literatur als »rigide« und »verkrustet« beschrieben werden.

Hier kommt es dann in der Therapie darauf an, wie schon das Beispiel mit der »Verhaltensstörung« zeigen sollte, solche zementierten Beschreibungen zu dekonstruieren, das heißt die dinghafte Stabilität des Verständnisses wieder zu destabilisieren, um so neue, dem System inhärente Deutungsmöglichkeiten zuzulassen. Für diese kognitive Gegenbewegung wird in den meisten Fällen und Therapien zwar ebenfalls Sprache eingesetzt. Diese wird aber nun dazu verwendet, die Verstehens- und damit mögliche Handlungsräume wieder zu erweitern. Dies können in Sonderfällen solche Kategorien, Konzepte und Metaphern sein, welche als eine Art neues Leitbild die Grenzen überwinden und als eine Projektion in die Zukunft wieder Bewegung ins Leben bringen. So etwas zu finden, vor allem es explizit zu benennen, wird in den meisten Fällen aber sehr schwierig sein. Die andere Möglichkeit besteht darin – wovon im Beispiel eben auch Gebrauch gemacht wurde –, einfach eine Vielzahl von Verstehensmöglichkeiten an eine Vielzahl von Situationen zu knüpfen. Das bedeutet, den Blick für das Feuerwerk an Einmaligkeiten, aus denen das Leben besteht, ein wenig zu öffnen und damit den fast hypnotischen Tunnelblick auf die abstrakte Kategorie zu sprengen.

Durch die Verknüpfung mit der Wirkungsmacht der Sprache öffnet das Beispiel aber zugleich auch unsere eigene Betrachtungsweise wieder für die Makroprozesse, in welche die zuletzt erörterten Mikroprozesse der Therapie eingebettet sind. Denn die Kategorien, Konzepte und Metaphern finden die Menschen ja nicht allein und isoliert im stillen Kämmerchen. Vielmehr werden vorwiegend solche verwendet, welche die Gesellschaft anbietet.

Die Kontrollideologie im Weltbild klassischer Wissenschaft

In diesem Zusammenhang ist nun bemerkenswert, dass speziell unserer abendländischen Kultur eine besonders starke Tendenz zur Ordnung, zur Reduktion und zur Verdinglichung von Prozessen nachgesagt wird. In seinem 2003 erschienenen Buch zeigt Richard Nisbett[10] von der Michigan University die erheblichen Unterschiede im Denken und Wahrnehmen auf, die zwischen Menschen des Abendlandes – also vor allem Europäern und Amerikanern – und denen Ostasiens – vornehmlich Japanern und Chinesen – bestehen. Letztere nehmen viel stärker holistisch wahr, denken weniger in Kategorien, sondern stattdessen eher dialektisch und suchen Mittelwege zwischen Gegensätzen. Asiatische Kinder lernen leichter Verben als Substantive, was bei unseren genau umgekehrt ist. Abendländer fokussieren eher auf besondere Objekte oder Personen in einer Umgebung und suchen nach Attributen, mit denen sie diese dann in Kategorien einordnen können. Formale Logik und das Denken in Gegensätzen spielen bei uns eine viel größere Rolle.

Nisbett führt dies auf Unterschiede bereits in den Kulturen zu Zeiten von Aristoteles auf der einen und Konfuzius auf der anderen Seite zurück. Viele seiner Belege, Experimente und Argumente halte ich für recht stichhaltig. Dennoch glaube ich, dass unsere Kultur speziell im Zuge der »Wissenschaftlichen Revolution« vor rund 350 Jahren nochmals einen spezifischen Schub in eine Richtung erhalten hat, die unsere Kontrollideologien wuchern ließ. Damals begann das, was wir heute »abendländische Wissenschaft« – oder manchmal einfach kulturegozentrisch: »die Wissenschaft« – nennen. Neben den vielen fraglos erreichten Leistungen dieses Wissenschaftsprogramms werden heute auch zunehmend dessen Nachteile und Grenzen deutlich. Es wurde nämlich ein Weltzugang auf Kosten von Alternativen favorisiert, der statisch-mechanistische Anschauungen anstatt dynamisch-prozessualer ins Zentrum rückt, der analytische Zergliederung anstelle von ganzheitlicher Betrachtung fördert und der, dies ist besonders problematisch, den Menschen von seinem Erkenntnisgegenstand trennt und ihn diesem gegenübersetzt. Die Beziehung des Menschen zu seinem Gegenstand wird damit in seinen Motiven und Problemen verschleiert – hinter dem Postulat der Objektivität kann sich der Mensch als Verantwortlicher verstecken.

Ein solcher Zugang zur Welt – und damit ja auch zur belebten Natur als einer Mitwelt, die freilich nur als

Umwelt verstanden wird, und letztlich zu den Mitmenschen – zeugt von wenig Souveränität. Man mag und muss nicht zu seinen Motiven, Werten und Entscheidungen stehen, sondern umgibt sie mit dem Mantel der Objektivität. Abraham Maslow, einer der Begründer der Humanistischen Psychologie Mitte des 20. Jahrhunderts, deutete diese Haltung als Angstabwehr. So lautet in einem seiner zentralen Werke, »Psychologie der Wissenschaft«[11], beispielsweise die Überschrift eines Kapitels: »Die Pathologie der Erkenntnis: Angstmildernde Mechanismen der Erkenntnis«, in einem anderen Kapitel finden wir eine Liste von 21 »krankhaften«, »primär angstbedingten« Formen im Bedürfnis, »Erkenntnisse zu gewinnen, zu wissen und zu verstehen«, zusammengestellt. Ein weiteres Kapitel lässt er mit den zusammenfassenden Sätzen beginnen: »Wissenschaft kann demnach der Abwehr dienen. Sie kann primär eine Sicherheits-Philosophie sein, ein Absicherungssystem, ein kompliziertes Mittel, Angst zu vermeiden.«

Diese Formulierungen Maslows mögen manchem recht provokativ und überzogen erscheinen. Gleichwohl ist nicht zu übersehen, wie schon in den Anfängen der modernen abendländischen Wissenschaft solche Tendenzen erkennbar sind. Bedenkt man nämlich die grundlegende Weltsicht der »Väter« dieser abendländischen Wissenschaft, Francis Bacon, René Descartes und Isaac Newton, so finden sich dort entsprechende Hinweise:

Bacon propagierte die experimentelle Methode mit Bildern wie: »Die Natur auf die Folter zu spannen, bis sie ihre Geheimnisse preisgibt«, »sie auf ihren Irrwegen mit Hunden hetzen« und sie »sich gefügig und zur Sklavin machen«. Diese Metaphern erinnern wohl nicht zufällig an die Hexenprozesse, die auch Bacon – der ja unter anderem Generalstaatsanwalt von König James I. war – nur allzu gut kannte. Ideengeschichtlich gesehen wurden über die Hexenverbrennungen gezielt auch andere Arten des Wissens und des archaischen Zugangs zur Natur unterdrückt, wenn nicht gar ausgerottet.

Descartes' Unterscheidung von res cogitans und res extensa – salopp formuliert: zwischen geistiger und materieller Welt – führte dazu, dass zum Beispiel in seinen Schulen die lebenden Organismen nicht nur mit Maschinen verglichen, sondern letztlich als nichts anderes als Maschinen behandelt wurden. So berichtete zum Beispiel Nicolas Fontaine um 1700 von der cartesianischen Schule von Port-Royal, dass man dort Tiere an ihren vier Pfoten auf Bretter nagelte und sie dann bei lebendigem Leibe sezierte. Ihre Schmerzensschreie wurden von den Forschern nicht nur mit »Lärm von Federn in Uhrwerken« geichgesetzt. Sondern, schlimmer noch, man machte sich auch noch über jene lustig, die »unwissenschaftlich« den Tieren Schmerzen zusprachen. Bedenkt man, dass für menschliche Säuglinge und Kleinkinder Gefühlsansteckung und anthropomorphisierende Identifikation eher typisch sind (das heißt diese bei Schmerzensschreien, Weinen und so weiter mit gleichen Gefühlen reagieren), so muss den erwachsenen Wissenschaftlern eine bemerkenswerte Ausblendung und Abwehr gelungen sein. Dies erinnert in fataler Weise an die Rechtfertigung des Haltens und Misshandelns von Sklaven durch »fromme« Amerikaner, nach der »Neger« eben keine »richtigen Menschen« wären und das »Liebe deinen Nächsten« der Bibel natürlich nicht für sie gemeint sei. Es erinnert ebenso an die Ermordung von Millionen Juden in deutschen Konzentrationslagern durch, so die Beschreibungen, teilweise »liebevolle Familienväter«, oder an die Ausblendungen und Abwehrmechanismen bei den heutigen Folterern in aller Welt. Dies gelingt psychisch eben nur, wenn sich die Lebenswelt so strukturiert, dass man einem (Erkenntnis)-»*Gegenstand*« gegenübertritt und sich keinesfalls mit ihm – gar noch als »Mit-*Mensch*« – irgendwie identifiziert.

Isaac Newton letztlich, der als Leitfigur abendländischer Wissenschaft gilt, betonte insbesondere die Bedeutung mathematischer Abstraktion und kategorialer Verallgemeinerung. Der Einzelfall hat in dieser Sichtweise nur als Beispiel für etwas Allgemeines einen Wert. Beispiele sind, wie schon Maslow hervorhebt, anonym, entbehrlich, nicht einzigartig, nicht unantastbar, sie haben keinen eigenen, nur ihnen allein zukommenden Wert. Wie wir aber bereits feststellten, liefern solche kategorialen Verallgemeinerungen die Basis für Regelmäßigkeiten und damit auch für Prognose und Kontrolle und helfen somit wesentlich, die Angst vor dem stets Neuen, Unberechenbaren zu vermindern.

Diese Zugangsweisen zur Welt und die Metaphern der abendländischen Wissenschaft haben rund drei Jahrhunderte unsere gesamte Alltagswelt zunehmend durchzogen. Sie wurden zu einer kaum noch hinterfragbaren allgemeinen Weltanschauung. Und damit wurde auch die Tendenz, das natürliche Sicherheitsbedürfnis des Menschen allein und einseitig über die Kontrolle von Ordnung zu befriedigen, von den Beziehungen zu den *Dingen* dieser Welt ausgedehnt und verallgemeinert auf die Beziehungen zu den *Mitmenschen* und letztlich auf den Umgang mit *sich selbst.* Entsprechend findet man heute selbst in der Psychotherapie weit mehr Programme zur Förderung von Selbst*kontrolle* (beziehungsweise -management) als von Selbst*vertrauen.* Und »*Kontroll*verlust« wird eher als eine Störung thematisiert und gefürchtet als *Vertrauens*verlust.

Gleichzeitig aber erscheint uns dieses Bewältigungsprogramm in Form von Reduktion und Abstraktion – auch von den natürlichen Lebensvorgängen und Empfindungen – in seiner Einseitigkeit zunehmend als missglückt. Die abendländische Karte, Sicherheit über immer mehr Technologie und Kontrolle zu erreichen, ist ausgereizt. Wie ich anfangs bereits erwähnte, konnten ein paar Fanatiker mit Teppichmessern nicht nur die Symbole der Wirtschaftsmacht der Ersten Welt zum Einsturz bringen, sondern auch eines der bestgeschützten Gebäude, das Pentagon. Bemerkenswerterweise sind die Twin Towers des World Trade Centers nach dem Attentat nicht *trotz,* sondern gerade *wegen* ihrer scheinbar so perfekten Konstruktion derart rasch zusammengebrochen: Die statisch geniale Stahlkonstruktion war eben unter den Bedingungen extremer Hitze besonders anfällig. Die Unglücke mit Hochgeschwindigkeitszügen, Katastrophenserien gerade bei hervorstechenden Ingenieurleistungen im Tunnelbau, Pannen in Atomreaktoren und so weiter belegen deutlich, dass absolute Sicherheit eben unmöglich ist. Gleichzeitig wächst aber mit der technischen Machbarkeit und den Beteuerungen, letztlich alles unter Kontrolle zu haben, das Risiko immer größerer Katastrophen, weil die Entwicklungen in immer waghalsigere Bereiche vorangetrieben werden – das gilt für die klassisch-materielle Technik ebenso wie für die Biotechnik. Der Preis für diese Entwicklung ist zudem eine steigende Bedrohung der Ersten Welt aufgrund der sich zunehmend öffnenden Schere zwischen Reich und Arm sowie zwischen Ressourcenverschwendung und Unterentwicklung, aber auch aufgrund der Zerstörung der eigenen Lebensgrundlagen durch Missachtung ökologischer Kreisläufe. Auch wenn wir hier ebenfalls immer noch die Beteuerungen hören, die sich abzeichnenden Entwicklungen wie Klimakatastrophe, Ozonloch, Vertrocknung, saurer Regen, Abfalllawine, Atommüll und so weiter könnten letztlich kontrolliert werden.

Moderne Systemtheorie: ein adäquateres Bild einer komplex vernetzten Welt

Interessanterweise zeichnet sich gegenwärtig in der Wissenschaft ein großer Umbruch ab, bei dem bedeutsame Alternativen zum Jahrhunderte betriebenen abendländischen Programm entwickelt werden. Ich spreche hier von einer interdisziplinären Systemtheorie, die gerade die Naturwissenschaften in den letzten drei Jahrzehnten erheblich verändert hat und mit Begriffen wie »Selbstorganisation« und »Chaostheorie« Einzug sogar in recht populäre Magazine und Medien gefunden hat. Zwar wurde Anfang des 20. Jahrhunderts die klassisch-abendländische wissenschaftliche Weltanschauung durch Entwicklungen wie die Relativitätstheorie oder die Quantenmechanik in ihren Grundprinzipien erschüttert. Aber dies berührte kaum die Stabilität unserer mechanistischen Metaphern und Anschauungen in der Alltagswelt, ja nicht einmal in den größten Teilen der Wissenschaft: Obwohl dies sicherlich unberechtigt ist, wurden diese Erschütterungen erfolgreich als Sonderphänomene jenseits des Relevanzbereiches unserer üblichen Lebenswelt abgetan – nämlich als Phänomene im extremen Makrokosmos oder im extremen Mikrokosmos.

Ganz anders bei den Phänomenen und Befunden der Systemtheorie: Was die Wissenschaftler hier fasziniert, ist gerade die Tatsache, dass schon ganz einfache mathematische Gleichungen und ebenso einfache Systeme, welche durch diese repräsentiert werden, unter bestimmten Umständen in ihrem Verhalten nicht mehr vorhersagbar sind – also chaotisch werden. Ja, man erkennt zunehmend, dass es sich dabei nicht um Sonderbereiche der Natur handelt, sondern umgekehrt: dass dies eigentlich der Normalfall ist und die klassischen Prinzipien von Voraussagbarkeit und Stabilität eigentlich nur unter Einschränkungen gelten, die recht künstlich sind. So künstlich allerdings, wie technische Konstruktionen sich oft von natürlichen Vorgängen abheben: Es ist ja geradezu typisch für große Bereiche der Technik, dass sich bestimmte Prinzipien zumindest hinreichend isoliert und kontrolliert anwenden lassen – und deshalb konnte die klassische Wissenschaft eben auch gerade im Bereich der Technik ihren größten Siegeszug feiern.

Bei der Frage nach den Grenzen technischer Kontrollierbarkeit geht es im Wesentlichen darum, wie weit das, was wir betrachten, hinreichend isoliert behandelt werden kann. Das bedeutet: wie weit man die Rückkopplungsaspekte vernachlässigen und die komplexe Vernetzung von Wirkungsketten, wie sie überall in der Natur zu finden sind, so ausschalten kann, dass ein relativ isoliertes Teilsystem exakt betrachtbar und behandelbar wird. Dies ist beispielsweise bei einem Automotor der Fall, bei dem die Verbrennungsvorgänge Milliarden Mal unter recht ähnlichen, gut kontrollierbaren und von anderen Vorgängen hinreichend isolierten Bedingungen ablaufen. Und ebenso in anderen Bereichen klassischer Technik. Bei komplexen technischen Systemen sind solche Bedingungen von Isoliertheit eher selten adäquat beziehungsweise nur unter starken theoretischen und praktischen Einschränkungen erreichbar. Im Bereich des Lebens allgemein, also in Biologie oder Medizin, und noch mehr im Bereich menschlicher Lebenswelten, sind komplexe Vernetzungen das Primäre und die kontrollierbaren, künstlich isolierbaren Teilprozesse klassischer Sichtweise fast nie angemessen.

Dies ist übrigens auch einer der Gründe, warum Planungen so oft scheitern, die einseitig auf die Kontrolle aller Vorgänge setzen, statt auch von der Unterstützung von Selbstorganisationsprozessen Gebrauch zu machen. In einem jüngst erschienenen Buch mit dem Titel »Ja, mach nur einen Plan« legen Stefan Strohschneider und Rüdiger von der Weth[12] einige Fallbeispiele vor, aus denen deutlich wird, wie absurd gegebenenfalls der Versuch ist, jedes Detail eines komplexen nicht-technischen Ablaufes bürokratisch planen zu wollen, statt eher mit flexiblen und allgemeinen Leitlinien die Selbstorganisationskompetenz zu unterstützen. Letztere könnte weit besser eine flexible Anpassung an nicht vorhersehbare Besonderheiten der jeweils aktuellen Situation gewährleisten. So lässt sich in dem Buch nachlesen, wie wenig hilfreich etwa 1995 bei dem Großbrand im Universitätsklinikum Aachen – ein Bau mit etwa elftausend Menschen – der dicke Ordner mit der Aufschrift »Katastrophenplan« auf der Grundlage ministerieller Erlasse war. Er gab faktisch keine Antworten auf die Fragen, die in der aktuellen Situation zu behandeln waren. Manches an dem Fallbericht liest sich eher wie eine Satire oder eine Sammlung von Schildbürgerstreichen – dass letztlich eine größere Katastrophe verhindert wurde, liegt, so der Autor, jedenfalls nicht an der Qualität der Notfallplanung, sondern eher an einer Reihe glücklicher Zufälle.

Im Zusammenhang mit system- und chaostheoretisch begründeten Verweisen auf die zunehmende Gefahr aus Widersprüchen zwischen dem Hang zur Kontrolle und der Unkontrollierbarkeit komplexer Vorgänge – besonders bei den typischen Mensch-Maschinen- oder Mensch-Mensch-Interaktionen – wird oft der Einwand erhoben, dass doch die Menschheit so lange und so gut »ohne all diese Problematisierungen« ausgekommen sei. Unsere Welt habe doch offenbar bisher ganz brauchbar »funktioniert«. Offenbar waren und sind Vorhersagen möglich, und von dem angeblich chaotischen Verhalten der uns überall umgebenden und uns begegnenden Systeme hätte man bislang relativ wenig mitbekommen. Auch wenn wir nunmehr theoretisches Werkzeug und Computer haben, die uns die Auswirkungen chaotischer Dynamiken zeigen können, so habe sich doch in der wirklichen Welt nichts geändert.

Dem muss allerdings entgegnet werden: »Doch, es hat sich etwas geändert!« Dies hat mit der rasanten industriellen Entwicklung und der Informationstechnologie zu tun. Noch vor wenigen Jahrzehnten waren Eingriffe in die Natur relativ lokal. Die Menschen waren weit weniger umweltbewusst als heute. Sie haben prozentual viel mehr Müll produziert und viel schädlichere Produkte »in die Gegend gekippt«. Aber diese Handlungen geschahen relativ isoliert: hier eine Papierfabrik, dort eine Gerberei, einige Hunderttausend oder Millionen Autos, die, einzeln gesehen, zwar jeweils viel mehr Abgase produzierten, aber insgesamt in vergleichsweise geringer Zahl vorhanden waren und viel weniger Güter durchs Land transportierten. Heute sind die Großindustrien vernetzt und greifen beispielsweise in einem Ausmaß in die Selbstreinigungs-System-Kreisläufe von Flüssen ein, das von diesen nicht bewältigt werden kann. Noch deutlicher erleben wir die Vernetzung auf dem Informationssektor: Medien wie Fernsehen, Rundfunk, Telefon und Internet bringen fast jedes Geschehen vom hintersten Winkel der Welt in Stunden, Minuten und sogar live ins häusliche Wohnzimmer. Devisengeschäfte, Aktienhandel, Warenoptionen werden über weltweit vernetzte Telefone oder gleich online getätigt. Die Folge: Aufgrund der Informationsvernetzung erfahren zum Beispiel auch andere von den Vorbereitungen für die Einführung einer neuen Organisationsmaßnahme und können daraufhin schnell reagieren. Hinzu kommt, dass immer mehr »irgendwie Beteiligte« sofort informiert sind; sie werden von zunehmend mehr Informationskanälen erreicht und können sich schneller, als dies früher je denkbar oder gar machbar war, ins Gesamtsystem einklinken – oder »einklicken« –, um zu intervenieren. Wichtige Teile dieser Welt haben sich in den letzten Jahrzehnten so gewandelt, dass die für die Chaosproblematik so entscheidende Vernetzung der Teilprozesse faktische Realität geworden ist. Damit wird das Systemverhalten eben auch in der Realität grundsätzlich anders beschreibbar als das »klassische« Verhalten relativ isolierter – oder als hinreichend isoliert zu betrachtender – Einzelteile eines Gesamtsystems.

Gleichwohl erleben wir aber kräftige Strömungen, das alte mechanistische Weltbild beizubehalten. Denn dessen Prinzip der »Kontrolle« passt natürlich zu den konservativen Ideologien der Mächtigen und Besitzenden viel besser als Vertrauen in Selbstorganisationsprinzipien und deren Unterstützung. Denn eine Kontrollideologie rechtfertigt den Einsatz von Kontrollorganen wie zum Beispiel Polizei und Militär zur Erhaltung dieser Ordnungszustände und sichert ihnen damit letztlich Machtstrukturen und Besitztümer. Hingegen könnte eine stärkere Selbstorganisation von Prozessen zwar möglicherweise für die Gesamtheit bessere Lösungen bringen, würde aber vielleicht auch eine Beschränkung der Position der »Kontrolleure« bedeuten. Nicht zufällig brauchte die Wissenschaft rund ein Jahrhundert länger, bevor sie sich neben der Kontrolle von Ordnung und deren Zerfallstendenzen – die durch die Thermodynamik thematisiert wird – dem autonomen Entstehen von Ordnung zuwandte – eben den System- und Selbstorganisationstheorien.

Inzwischen werden aber selbst dem Laien die Probleme und die Unwirksamkeit der Kontrollprinzipien angesichts komplexer, rückgekoppelter Systeme überdeutlich vor Augen geführt. Man denke nur an die Verseuchung von Gewässern und der Luft, an Hungersnöte aufgrund einer bornierten »Entwicklungshilfe«, an Lawinenabgänge wegen abgeholzter Schutzwälder sowie an viele andere ökologische Katastrophen, die wir erleben, und weitere, die sich anbahnen, an nationale und globale Wirtschaftskrisen oder an die Dämpfung der medizinisch-technologischen Machbarkeitseuphorie und so weiter. Die bislang scheinbar so erfolgreichen Ursache-Wirkungs-Modelle greifen immer weniger in einer Welt, die durch die technischen und vor allem die kommunikationstechnischen Möglichkeiten in ihren Teilbereichen so miteinander verbunden ist, dass die Wirkung von Eingriffen meist nicht lokal begrenzt bleibt. Der gut gemeinte »Korrektureingriff« eines wahrgenommenen »Missstandes« an einer Stelle kann sich vielmehr netzwerkartig in seiner Wirkung ausbreiten und zu unübersehbaren Folgen führen.

Dies hat übrigens auch wieder Auswirkungen auf der Mikroebene, das heißt auf unsere psychische Verfassung. Vor vielen Jahren schon hat der amerikanische Psychologe Martin Seligman sein viel beachtetes und weitgehend akzeptiertes Konzept »erlernter Hilflosigkeit« zur Erklärung von Depression, Apathie, scheinbar unmotivierter Aggression und anderen Störungen vorgestellt. Es geht darin – durch Experimente an Tieren und Untersuchungen an Menschen untermauert – darum, dass solche Reaktionen dann entstehen können beziehungsweise »gelernt« werden, wenn zwischen dem Handeln und der Wirkung dieses Handelns kein erfahrbarer Zusammenhang besteht.

Seligman selbst hat dies meines Wissens auf das engere und unmittelbare soziale und materielle Umfeld der Untersuchten bezogen. Wenn wir uns aber klar machen, dass nach dem eben skizzierten Trend zu komplexer werdenden Sozial- und Informationssystemen und deren zunehmender Undurchschaubarkeit und Unvorhersagbarkeit für den Einzelnen ein solcher erfahrbarer Zusammenhang zwischen den Handlungen und deren Wirkungen verloren geht, so sehe ich dies schon im Lichte der erlernten Hilflosigkeit. Die »No-Future«-

Haltung vieler Jugendlicher meint doch eigentlich: »Gleich, was wir tun, wir haben wenig Einfluss auf die Entwicklung.« Dass dies zumindest Apathie und Aggression fördert, erscheint mir plausibel. Gleichzeitig finden wir übrigens auch die anderen Bewältigungsmechanismen: Computerspiele, bei denen nun der Erfolg der Handlungen unmittelbar wieder kontrollierbar wird, sind vielleicht auch mit aus diesen Gründen so beliebt – auch wenn das unmittelbare Erfolgserlebnis allzu oft im fragwürdigen Abschießen immer realistischer werdender »Feinde« besteht.

Ebenso sehe ich in dem Zulauf, den die guruhaften Welt-Simplifizierer haben, eine Bewältigungsreaktion für die Angst vor der zunehmend unberechenbaren Komplexität unser Realität. Wenn die Welt durch solche ideologischen Verführer im Bereich der Religion, der Politik und Wirtschaft und leider bisweilen auch der Wissenschaft so schön einfach und übersichtlich dargestellt wird, übt diese scheinbare Orientierung in einer überkomplexen Welt auf viele dadurch Verunsicherte offensichtlich eine enorme Attraktivität aus.

Es scheint daher dringend geboten, dass wir unsere Prinzipien und Metaphern, welche in der Politik und in anderen Schalt- und Entscheidungszentren der Gesellschaft vorherrschen, endlich einer veränderten Welt anpassen. Dazu müssten wir die zunehmend inadäquaten, lebensfeindlichen Prinzipien auf der Basis einer mechanistischen Funktionsweise der Welt aufgeben, da sie für hochkomplexe vernetzte und dynamische Systeme inadäquat sind. Dies ist aber, wie gesagt und wie wir tagtäglich erfahren, nicht so einfach. Denn eine dreihundertjährige Entwicklung abendländischer Wissenschaft und ihrer weltverändernden Produkte ging Hand in Hand mit der Ausbreitung einer mechanistischen Ideologie, die vor allem auf Kontrolle setzt und Angst vor nichtlinearen, sprunghaften, unberechen- und unplanbaren Dynamiken schürt – Dynamiken, die aber für kreative Entwicklungs- und Heilungsverläufe und viele andere Prozesse im Bereich des Lebens typisch sind und noch viel intensiver erfahrbar wären, wenn sie nicht durch die Kontrollinstanzen unserer Kultur unterdrückt würden.

Die Umbrüche unserer Lebenswelten lassen sich somit einerseits auf der materiell-sozialen Strukturebene verorten, wo wir einen ungeheuren Komplexitätsgrad der Vernetzung geschaffen haben, der mit einem Begriff wie »Globalisierung« nur schemenhaft erfasst wird. Sie sind aber andererseits und damit verbunden auch ideologischer Natur. Jedenfalls scheint mir eine ideologische Kontroverse zwischen zwei Denkkulturen ein sehr bedeutsamer Aspekt zu sein, der die Auseinandersetzungen in und zwischen unterschiedlichen Sozialgebilden durchzieht. Auf der einen Seite eine Kultur, die weiterhin einseitig auf die klassischen Prinzipien von Kontrolle, Machbarkeit, Objektivität, prognostischer Berechenbarkeit setzt; auf der anderen Seite eine Kultur, die eher holistische und prozessuale Zugangsweisen zur Welt betont, die natürliche Entwicklungsvorgänge beachtet und unterstützt. Zusätzlich finden wir in den Umbrüchen die Makroprozesse der Gesellschaft mit den Mikroprozessen familiärer und individueller Sinn- und Narrationsstrukturen verwoben.

Resümee: Systemische Flexibilität in Zeiten des Umbruchs

Aus systemtherapeutischen Kontexten in der Arbeit mit Einzelnen, Paaren und Familien, aber auch aus dem Coaching von Personen und Organisationen wissen wir, dass die Lösungen zur Überwindung erstarrter Dynamiken, verengter Problemsicht und damit verstellter Veränderungskompetenzen nicht vornehmlich in noch mehr Kontrolle, Reduktion und Planung zu suchen sind. Vielmehr geht es um die Förderung von Selbstorganisationsprozessen, die sogar in stark durchorganisierten und hierarchisierten Organisationen in oft erstaunlichem Umfang möglich sind.[13]

Dazu ist die Aufmerksamkeit für das Wechselspiel aus dynamischer Instabilität und Stabilität, die wir bereits am Beispiel des »Gehens« erörtert haben, ebenso wichtig wie die Wertschätzung von Einmaligkeiten und sinnlicher Rückkopplung. Mit Letzterem meine ich eine kognitive Gegenbewegung zu den kategoriellen Abstraktionen, deren verführerische Reduktionen wir zwar immer wieder brauchen, die uns aber auch in Gefahr bringen, den Einzelfall und die konkrete Situation zu sehr eben nur als ein Beispiel für die Kategorie zu sehen. Das hat dann zur Folge, dass wir den Besonderheiten nicht gerecht werden können und längst angedeutete Veränderungen und Lösungsansätze eher übersehen.

Damit verbunden plädiere ich auch für ein stärkeres Gleichgewicht zwischen der meist überwiegenden *Planung* von Vorgängen und der völlig unterschätzten *Imagination*[14]: Planung verfolgt klar vorgegebene Ziele und Zwecke auf Wegen, deren Einhaltung sich meist gegenüber Abweichungen von den Prognosen kontrollieren lässt. Sie ist damit ein typisches Element des klassisch abendländischen Weltbildes und daher natürlich auch in entsprechenden Kontexten wichtig und erfolgreich. Imagination von Zukünftigem hingegen ist ein ebenso typisches Beispiel für eine systemisch-attrahierende Dynamik im kognitiven Bereich: Wir bewegen uns auf einen Zustand zu – etwa bei einem bestimmten Berufswunsch –, von dessen konkreter Realisation wir nur recht unpräzise Vorstellungen haben – beispielsweise, wie denn der Beruf eines Psychologen in einer Beratungsstelle wirklich aussieht. In der Bewegung auf dieses eher vage Ziel müssen nun bestimmte Entscheidungen getroffen werden, die dann zunehmend das Ziel präzisieren. Diese Art, sich einem Ziel zu nähern, öffnet den Raum für kreative und flexible Feinanpassungen an die Gegebenheiten oder eben auch an unvorhergesehene Entwicklungen, Brüche und Umbrüche in den Randbedingungen. Auf einem solchen Weg sind auch Abweichungen kein Thema – und sie werden schon gar nicht als »böse Überraschungen« vom genau vorgegebenen Plan attribuiert, sondern selbst größere Korrekturen an der Zielrichtung sind üblich und vorgesehen. Statt der Kontrolle von Planzielen und der Vermeidung von Abweichungen und Überraschungen stellen hier eben Offenheit und Sinnfindung, Kreativität und Flexibilität die Hauptmomente dar.

Es geht mir nicht darum, das eine Prinzip gegen das andere auszuspielen: Beide haben ihre Berechtigung – genau wie Dynamik und Stabilität. Aber es geht mir darum, die einseitige Überbetonung des Planens gegenüber der Imagination kritisch zu hinterfragen. Und gerade bei Umbrüchen sind Flexibilität und Kreativität in der Anpassung sicherlich erfolgversprechender als die kontrollierbare Sicherheit genau vorgegebener Planschritte.

Eine stärkere Berücksichtigung von imaginativen Kräften anstatt von kontrollierenden Mächten setzt allerdings auch ein deutlicheres Bekenntnis zu Werten voraus. Meines Erachtens mangelt es den Verantwortlichen in unserer heutigen Zeit insbesondere am Mut, Imaginationen zu entwickeln und ihre damit verbundenen Werte klar zu benennen. Diese Abstinenz mag besonders in Deutschland durch den Missbrauch beziehungsweise den Verrat von Werten in der Geschichte des 20. Jahrhunderts begründet liegen. Es kann daher auch nicht um eine institutionelle oder staatliche Vorgabe von Werten gehen, sondern gerade die diskursive Auseinandersetzung über unterschiedliche Positionen ist wichtig. Da sich der Mensch aus existenzphilosophischer Sicht immer zwangsläufig auf eine Zukunft hin entwirft, sind Debatten um imaginative Ziele,

Orientierungen und Werte überaus wichtig. Wie schon einer der berühmten Wiener Psychotherapeuten und Fachmann für Sinnfragen, Viktor Frankl, angesichts seiner Erfahrungen im Konzentrationslager auf den Satz von Nietzsche verwiesen hat: »Wer ein Warum zum Leben hat, erträgt auch fast jedes Wie.« Dieses »Warum« enthält aber implizit immer auch ein imaginativ-teleologisches »Wozu« und damit eine Wert-Orientierung.

Verbunden mit solchen ziel- und sinngebenden Orientierungen, mit der imaginativen Einbettung in Gesamtzusammenhänge, müssen Umbrüche nicht in angstvolle Erstarrung und Aktivierung von noch mehr Kontrollzwängen führen, sondern können als notwendige, ja lebensförderliche Übergänge und Transformationschancen erfahren werden. Das kleine »Stirb und werde!« – Ausdruck dieser Umbrüche und gleichzeitig ihrer Notwendigkeit – verflüssigt erstarrte Strukturen und ermöglicht es, dass sich die Prozesse an den neuen Gegebenheiten und Erfordernissen ausrichten.

Den Mut, die Fähigkeit und das Vertrauen, Umbrüche in dieser Weise gestalterisch nutzen zu wollen und zu können, wünsche ich uns allen.

Anmerkungen

1 Dies geht bis in die Debatten um »Wissenschaftlichkeit« und die bürokratische Organisation der Wissenschaft selbst hinein.
2 Morrison, David E. (1967): Paul Lazarsfeld: The biography of an institutional innovator. Dissertation o. O. (PFL-Archiv, Wien).
3 Die Konzeption dieser Art von Veranstaltung wurde vor vielen Jahren wesentlich von meinem ehemaligen Mitarbeiter und heutigen Kollegen PD Dr. Arist von Schlippe entwickelt.
4 Es handelt sich um Studenten in höherem Semester des Hauptstudiums mit entsprechender therapeutischer Vorbildung.
5 Kriz, Jürgen (1997): Chaos, Angst und Ordnung. Wie wir unsere Lebenswelt gestalten. Göttingen/Zürich: Vandenheock & Ruprecht (Vandenheock Transparent, Bd. 42/2. Aufl. 1998).
6 Berger, Peter L. (1970): Auf den Spuren der Engel. Die moderne Gesellschaft und die Wiederentdeckung der Transzendenz. Frankfurt: S. Fischer.
7 Längle, Alfried (1996): Der Mensch auf der Suche nach Halt. Existenzanalyse der Angst. Bulletin der Gesellschaft für Logotherapie und Existenzanalyse, 13, 2, S. 4–12.
8 Rohde-Dachser, Christa (1986): Das Borderline-Syndrom. Bern-Stuttgart: Huber.
9 Cramer, Friedrich (1988): Chaos und Ordnung. Die komplexe Struktur des Lebendigen. Stuttgart: DVA.
10 Nisbett, Richard E. (2003): The Geography of Thought. New York/London: The Free Press.
11 Maslow, Abraham (1977): Psychologie der Wissenschaft. Neue Wege der Wahrnehmung und des Denkens. München: Kindler.
12 Stefan Strohschneider und Rüdiger von der Weth (2002): Ja, mach nur einen Plan. Pannen und Fehlschläge – Ursachen, Beispiele, Lösungen. Bern: Hans Huber (2. Aufl.).
13 Kriz, Jürgen (2003): Selbstorganisationsprozesse in Organi-

sationen: Von Senge's »Kochrezepten« zu den Grundlagen des Kochens – oder: auf dem Weg zu einer systemtheoretischen Fundierung des Coaching. In: Hamborg, Kay & Holling, Heinz (Hg.): Innovative Personal und Organisationsentwicklung. Göttingen: Hogrefe, S. 186–210.

14 Vgl. Kriz, Jürgen (2001): Intuition in therapeutischen Prozessen. systhema, 15, 3, S. 217–229; und: Kriz, Jürgen (2002): Expressive Arts Therapy: Ein »Spiel-Raum« für mehr Spielraum in den Sinnstrukturen der Lebenswelt. In: Levine, S. K. (Ed.): Crossing Boundaries. Explorations in Therapy and the Arts. Toronto: EGS-Press, S. 35–60.

Der Autor

Jürgen Kriz, 1944 geboren, studierte Psychologie und Philosophie sowie Astronomie/Astrophysik als zweites Hauptfach in Hamburg und Wien, wo er 1968 in dieser Fächerkombination promovierte. Nach Professuren für Statistik (1972–74 Universität Bielefeld), Forschungsmethoden, Statistik und Wissenschaftstheorie (1974–99 Universität Osnabrück) ist er Professor für »Psychotherapie und klinische Psychologie« (ebendort, 1981–99 überlappend). Seit 1997 auch an der Faculty der European Graduate School (EGS), Schweiz. Gastprofessuren in USA, Zürich und Wien. Psychotherapeut und Ausbilder für klientzentrierte Psychotherapie (GwG). Korrespondierendes Mitglied der Gesellschaft für Logotherapie und Existenzanalyse, Wien, Ehrenmitglied der Systemischen Gesellschaft, Berlin. Vorsitzender des wissenschaftlichen Beirats der GwG, Kammermitglied der Nds. Psychotherapeutenkammer, Mitherausgeber von »Gestalt-Theory« und »System Familie« (1988–2000) sowie mehrerer Buchreihen; wissenschaftlicher Beirat von »Psychotherapeut«, »Integrative Therapie« und »Existenzanalyse«. Circa zweihundert Beiträge und neunzehn Bücher über methodisch-statistische und klinisch-therapeutische Fragen, unter anderem »Grundkonzepte der Psychotherapie« (5. Aufl. 2002), »Chaos und Struktur« (1992), »Systemtheorie« (3. Aufl. 2001), »Chaos, Angst und Ordnung« (2. Aufl. 1998).